CE2

W0287524

L'Atelier de Vocabulaire

Cahier d'entrainement

Marianne André-Kérébel
Psychologue scolaire

Fanny De La Haye-Nicolas
Maitre de conférences
en psychologie cognitive

Marie-Christine Pellé
Inspectrice de l'Éducation nationale

Nathan

AVANT-PROPOS

L'objectif de ce cahier de vocabulaire est de permettre une amélioration des compétences en lecture, en compréhension orale et en production écrite grâce à un **enrichissement lexical** et à une meilleure connaissance des mots et de leur construction.

Plusieurs travaux de recherche attestent l'importance des connaissances lexicales pour la réussite scolaire. Alain Lieury (1997) a d'ailleurs mis en évidence des corrélations plus importantes entre connaissances lexicales et réussite scolaire qu'entre niveau intellectuel et réussite scolaire. **Le lexique joue un rôle fondamental dans la lecture et la compréhension.** Les enfants qui disposent du lexique le plus étendu dans un domaine donné sont ceux qui comprennent le mieux les textes relatifs à ce domaine. Le problème du lexique a été identifié par de nombreux chercheurs comme étant un obstacle à la compréhension et devant donc être traité comme une priorité (Roland Goigoux, 2000 ; Michel Fayol et José Morais, 2004).

1 LES PRINCIPES PÉDAGOGIQUES

Une répartition par thèmes et par objectifs

Le cahier de vocabulaire CE2 accompagne les élèves, à leur rythme, dans l'acquisition progressive du vocabulaire qui doit faire l'objet, dès les premières années, d'un apprentissage spécifique, régulier et structuré.

Neuf thèmes ont été retenus : les fruits, les légumes et les herbes aromatiques, la cuisine, le mobilier et les objets de la maison, les outils, les vêtements, le temps qu'il fait, le temps qui passe, la santé et l'hygiène.

Chaque thème est décliné en **plusieurs objectifs (5 à 7 selon les thèmes)** : l'ensemble de ces objectifs a pour but d'enrichir le stock lexical des élèves de CE2 tout en leur permettant de comprendre les relations que les mots entretiennent entre eux. Dans un même thème, les mots sont revus plusieurs fois dans des contextes différents afin de les mémoriser, par le biais de la décomposition morphologique, de l'apprentissage en contexte et de la catégorisation.

C'est pourquoi nous avons choisi de retenir ces principes pour construire cet outil d'évaluation et d'entrainement au vocabulaire.

Objectif 1 : J'apprends des mots

L'enrichissement lexical consiste à faire découvrir aux élèves des mots nouveaux dans chacune des thématiques abordées.

Objectif 2 : J'apprends à catégoriser

L'objectif est ici d'apprendre aux élèves à organiser et à ordonner les nouveaux mots découverts pour que ceux-ci deviennent un vocabulaire actif. La catégorisation sert à hiérarchiser les nouveaux mots pour qu'ils soient plus facilement réutilisables et reconnaissables par l'élève.

Objectif 3 : J'apprends à construire des mots

Il s'agit ici d'étudier la dimension morphologique de notre langue en abordant notamment quelques suffixes, préfixes, mots composés et mots de la même famille. La recherche montre aujourd'hui qu'un enseignement systématique de l'analyse morphologique constitue une piste de travail très prometteuse pour l'enseignement du vocabulaire.

Objectif 4 : Je comprends le sens des mots

Pour aider les élèves à mieux comprendre le sens des mots, on met en contexte dans des phrases des mots ayant soit la même forme orale et/ou écrite mais des sens différents soit deux voire plusieurs sens différents. Les élèves sont ainsi sensibilisés aux notions d'homonymie et de polysémie.

Objectif 5 : Je comprends les homonymes, les synonymes, les contraires ou les expressions

Ces objectifs vont permettre aux élèves de comprendre comment les mots de notre langue sont construits et quelles relations ils entretiennent entre eux.

Objectif 6 : J'apprends à ranger dans l'ordre alphabétique

Assoir la connaissance de l'ordre alphabétique aidera les élèves dans l'utilisation du dictionnaire avec lequel ils ont commencé à se familiariser dès l'année de CP.

ISBN : 978-2-09-122666-8

Objectif 7 : Je mémorise les mots appris

Les mots nouveaux découverts dans chaque unité sont revus et employés dans d'autres contextes.

Un entrainement individualisé

Les différents objectifs peuvent être abordés successivement ou en parallèle, selon les besoins des élèves ou les choix des enseignants.

L'organisation du cahier prend en compte l'hétérogénéité de la classe en proposant à chaque élève des niveaux d'activités adaptés à ses compétences : pour chaque objectif, les exercices sont déclinés en trois niveaux de difficulté : niveau ★ (simple), niveau ★★ (degré de difficulté légèrement supérieur) ; les exercices de niveau ★★★ proposent, quant à eux, des activités plus complexes, requérant des compétences de compréhension plus fine en vocabulaire.

Une vision claire des résultats

À la fin de chaque exercice, un système de codage simple des résultats permet à l'enfant d'apprendre peu à peu à s'autoévaluer en s'appuyant sur les corrigés (téléchargeables gratuitement sur le site www.nathan.fr/atelier-vocabulaire).

En reportant ses scores dans la grille de suivi, chaque élève peut visualiser son parcours d'apprentissage, ses réussites et ses faiblesses.

2 LA DÉMARCHE

La mise en œuvre des activités de vocabulaire

En début d'année, l'enseignant jugera, selon l'habileté de ses élèves, leurs besoins et la difficulté des exercices, s'il doit donner un exemple ou faire travailler une partie de l'exercice ou de la fiche en collectif.

Après une résolution individuelle des exercices par les élèves, un temps de **verbalisation** et de **mutualisation collective** mené par l'enseignant s'avère nécessaire pour que les élèves puissent s'approprier les connaissances lexicales abordées.

L'utilisation du cahier

Chaque thème devra être **introduit par l'enseignant**, notamment la lecture et l'explication de **l'imagier** et du **lexique**.

Plusieurs pistes d'utilisation sont possibles :

- Ce cahier peut être utilisé comme support au service d'un projet thématique proposé par l'enseignant. Il devient alors une aide au transfert des connaissances.
- Il peut être un outil ressource pour un enrichissement lexical qui mériterait d'être poursuivi par des réinvestissements en production d'écrits.
- La fiche imagier / lexique présente au début de chaque thématique constitue le point de départ du travail de l'enseignant et les exercices proposés dans chaque thème peuvent être utilisés comme un outil d'évaluation (sélection et différenciation possibles).

La correction

La correction collective (en groupe classe ou en groupes de besoins) doit donner lieu à une verbalisation et à une explicitation des stratégies.

Les auteurs

SOMMAIRE

1. Les fruits

Imagier

une pastèque

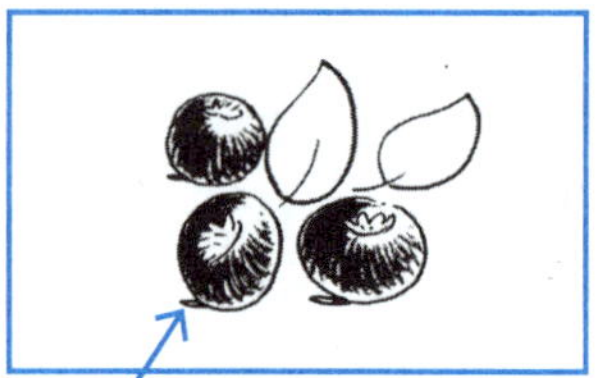
une myrtille

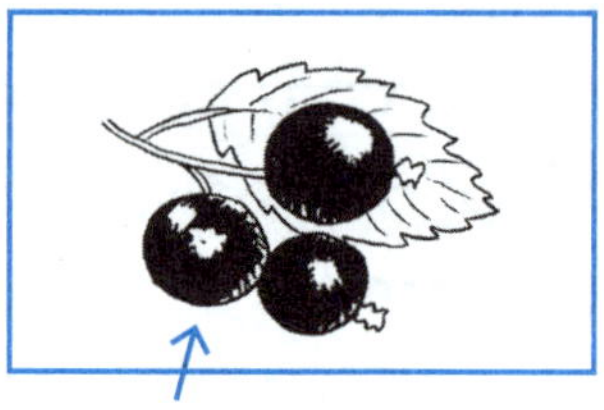
un cassis

une mure

un litchi

une mangue

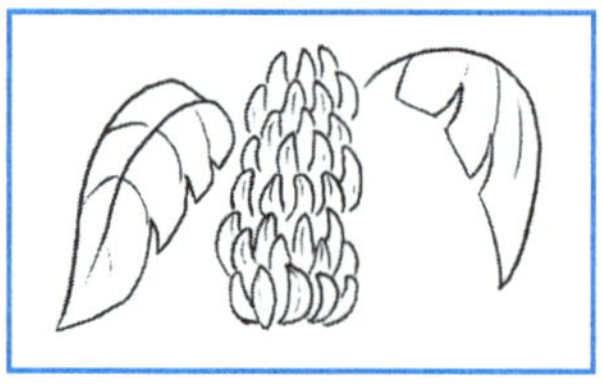
un régime de bananes

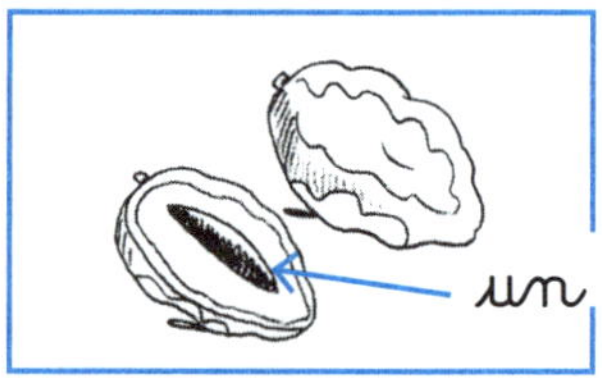
un noyau

une datte

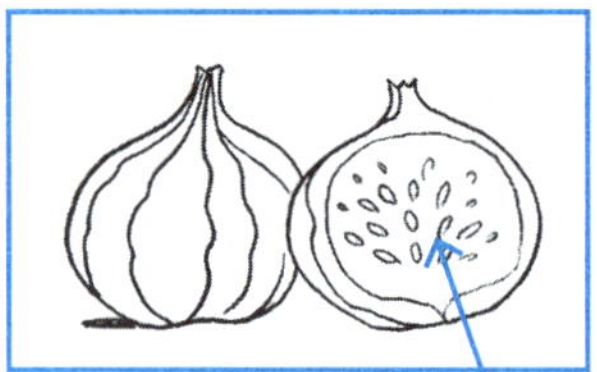
une figue

un pépin

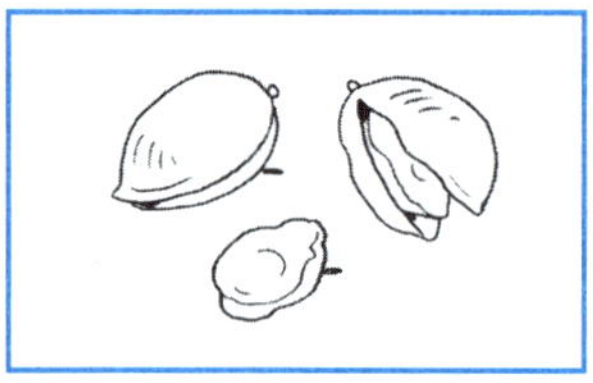
une pistache

une amande

une nectarine

une prune

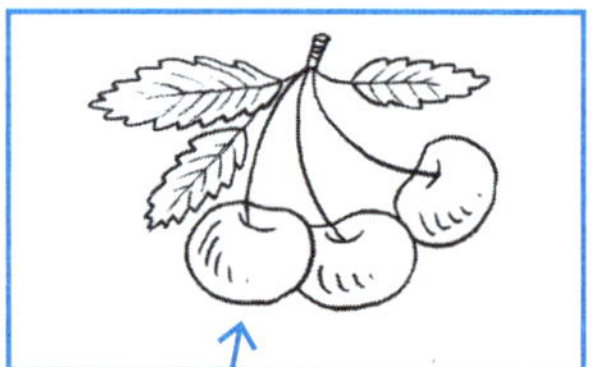
une cerise

un kiwi

un melon

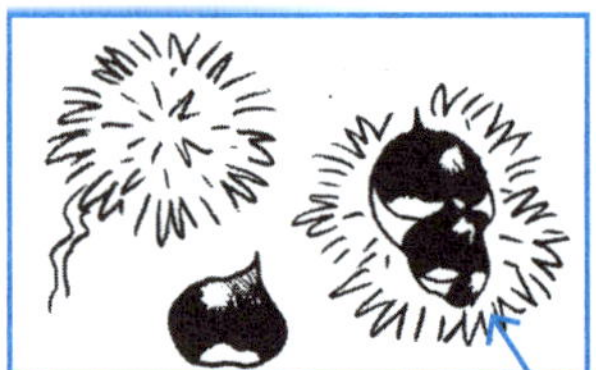
une châtaigne

une bogue

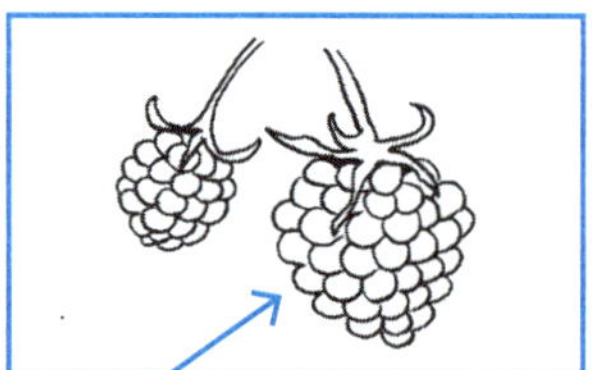
une framboise

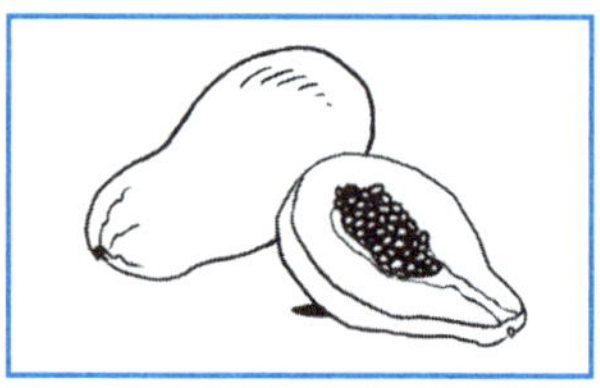
une papaye

une goyave

une clémentine

un citron

un pamplemousse

une noisette

☆ Donne à chaque définition le numéro du nom qui lui correspond. Aide-toi de l'imagier.

Un gros fruit à la chair rouge, juteuse et parsemée de pépins noirs.	n° 5
Un fruit exotique de forme ovale, à gros noyau et à la chair jaune.	n° 4
Une baie, c'est-à-dire un petit fruit contenant des pépins. Elle est noire et c'est le fruit de la ronce.	n° 1
Un petit fruit rouge qui a un noyau et une longue queue.	n° 2
Une petite mandarine à la peau fine.	n° 3

1. une mure
2. une cerise
3. une clémentine
4. une mangue
5. une pastèque

Comment as-tu réussi ?

☆☆ Complète les phrases avec les noms de la liste :
oranges - bogue - vigne - verger - pépin - pamplemousses.

- La ......vigne......... est un petit arbuste dont le fruit est le raisin.
- Les .... et les .... sont des **agrumes**, c'est-à-dire des fruits juteux à peau épaisse.
- Le .... est la graine de certains fruits comme la pomme, la poire, l'orange.
- Un .... est un terrain planté d'arbres fruitiers.
- La .... est l'enveloppe de la châtaigne, recouverte de piquants.

Comment as-tu réussi ?

☆☆☆ Complète les phrases avec les mots de la liste :
régime - zeste - exotiques - dénoyautent.

- Jeanne et sa grand-mère .... des cerises pour faire de la confiture.
- La mangue, le litchi, la papaye sont appelés « fruits .... ».
- Un ensemble de bananes poussant en grappe est un ....
- Le .... est la partie externe de l'écorce des agrumes.

Comment as-tu réussi ?

Objectif 2 : J'apprends à catégoriser.

★ Relie chaque fruit à la catégorie qui lui correspond. Utilise l'imagier.

une orange •		• un citron
une groseille •	• **agrumes** •	• une myrtille
une clémentine •	• **baies** •	• une mure
un cassis •		• une mandarine

Comment as-tu réussi ?

★★ Barre ce qui ne concerne pas les fruits dans chaque ligne.

- égrainer - écrire - peler - dénoyauter - épépiner
- un citron - une mandarine - une poire - une orange - un poireau
- une côtelette - une confiture - une compote - une gelée - une marmelade
- le zeste - la pulpe - le pépin - le panier - le noyau
- un abricotier - un figuier - un écolier - un citronnier - un prunier

Comment as-tu réussi ?

★★★ Classe les noms suivants dans les catégories qui leur correspondent. Utilise l'imagier.

une poire - une prune - un abricot - un pamplemousse - une mangue - un melon - une datte - une figue - un cassis - un litchi - une nectarine - le raisin

Fruits avec des pépins	Fruits avec un noyau
....	....
....	....
....	....
....	....
....	....
....	....

Comment as-tu réussi ?

Objectif 3 : J'apprends à construire des mots.

★ Complète les familles de mots avec les mots de la liste :

fruité - vigneron - citronnade - égrainer - pulpeux - vendangeur.

- graine - grain - grainetier - ....
- vigne - vignoble - vigneronne - ....
- vendanger - vendange - vendangeuse - ....
- fruit - fruitier - frugivore - ....
- pulpe - dépulper - pulpeuse - ....
- citronnier - citron - citronner - ....

Comment as-tu réussi ?

★★ Trouve les noms correspondant aux verbes.

épépiner → le pépin

équeuter → ....

égoutter → ....

égrainer → ....

égrapper → ....

évider → ....

Comment as-tu réussi ?

★★★ Construis des mots en utilisant des suffixes et des préfixes.

Trouve la plante ou l'arbre en utilisant le suffixe -ier.

un abricot → ....

une prune → ....

une framboise → ....

une banane → ....

une châtaigne → ....

une mangue → ....

une amande → ....

une figue → ....

Trouve le verbe en utilisant le préfixe dé-.

une plante → **dé**plant<u>er</u>

une racine → ....

une friche → ....

une pulpe → ....

un noyau → ....

un bois → ....

une broussaille → ....

un pot → ....

Comment as-tu réussi ?

Objectif 4 : Je comprends les homonymes.

★ Donne à chaque définition le numéro de la phrase qui lui correspond.

Une baie, fruit de la ronce.	n°......
Le contraire de « verte ».	n°......
Un fruit à noyau.	n°......
L'action d'attraper des poissons ou des coquillages.	n°......

1. Mon oncle **pêche** des sardines.
2. Cette **pêche** est délicieuse.
3. Cette pomme est **mure**.
4. J'ai écrasé une **mure** sur mon polo.

Comment as-tu réussi ?

★★ Relie chaque phrase au nom qui lui manque. Puis écris ce nom dans la phrase.

La myrtille est une .... •

L'ouvrier porte le .... de bananes dans la remorque. •

La pulpe du .... est verte. •

• **baie** •

• **kiwi** •

• **régime** •

• On pêche des coquilles Saint-Jacques dans la .... de Saint-Brieuc.

• Le .... a un bec et un plumage brunâtres.

• Pour perdre un peu de poids, Gilles suit un ....

Comment as-tu réussi ?

★★★ Complète chaque phrase en utilisant un des deux noms.

amande - amende

- Victor a une .... car il a mal garé sa voiture.
- Une dragée est une .... recouverte de sucre.

coins - coings

- Ma grand-mère prépare une délicieuse gelée de ....
- Il a protégé les .... de la table.

datte - date

- La .... est un fruit qui pousse sur une espèce de palmier.
- Écrivez votre prénom et la .... en haut de la feuille.

Comment as-tu réussi ?

Objectif 5 : Je mémorise les mots appris.

☆ **Donne à chaque définition le numéro du mot qui lui correspond. Aide-toi de l'imagier.**

Une variété de pêche à la peau lisse.	n°......
Une baie noire avec laquelle on fait de la confiture, de la gelée, du sirop.	n°......
Enlever la peau d'un fruit ou d'un légume.	n°......
Un fruit exotique.	n°......
Enlever les pépins.	n°......
Une graine de couleur verte que l'on peut manger salée.	n°......

1. peler
2. une papaye
3. une pistache
4. épépiner
5. un cassis
6. une nectarine

Comment as-tu réussi ?

☆☆ **Complète les phrases avec les noms de la liste :** zeste - compote - litchi - châtaigniers - mangue - baies - papaye.

- Une châtaigneraie est un lieu planté de ....
- Ces oiseaux se nourrissent de .... sauvages.
- Pour le dessert, nous avons préparé une .... de pommes.
- La ...., la .... et le .... sont des fruits exotiques.
- Anna met toujours un .... de citron dans son thé.

Comment as-tu réussi ?

☆☆☆ **Complète les phrases avec les mots de la liste :** pruniers - pèle - clémentines - gelée - fruits - pamplemousses - verger - kiwi.

- Anissa prépare une salade de ....
- Le .... est un fruit à la chair verte.
- Elle .... des oranges, deux .... et quelques ....
- Nous avons des groseilles pour faire de la ....
- Dans son ...., Léon a planté des poiriers et des ....

Comment as-tu réussi ?

2. Les légumes et les herbes aromatiques

Imagier

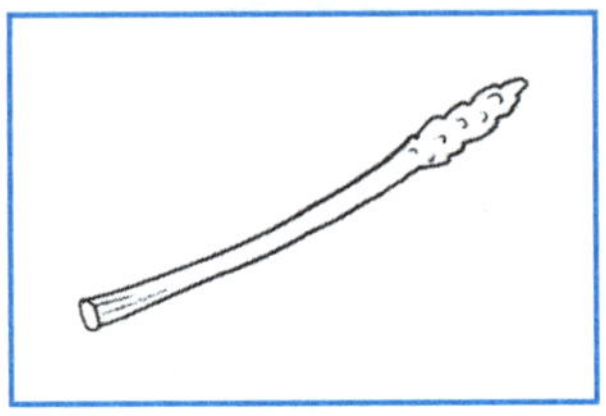
une asperge

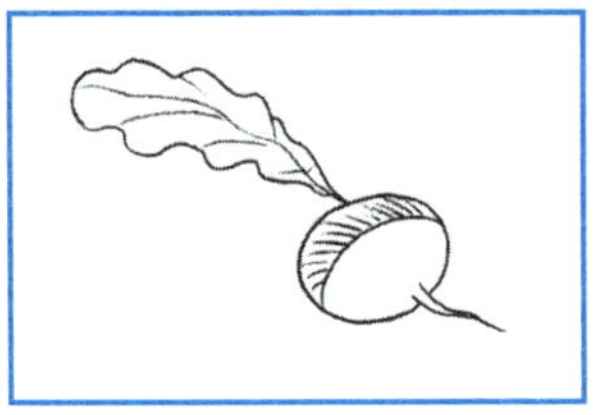
un navet

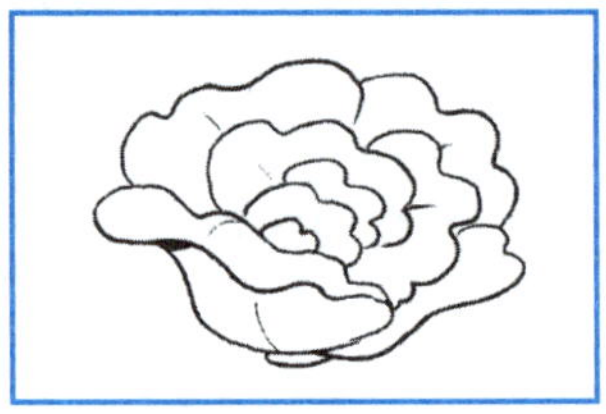
une laitue

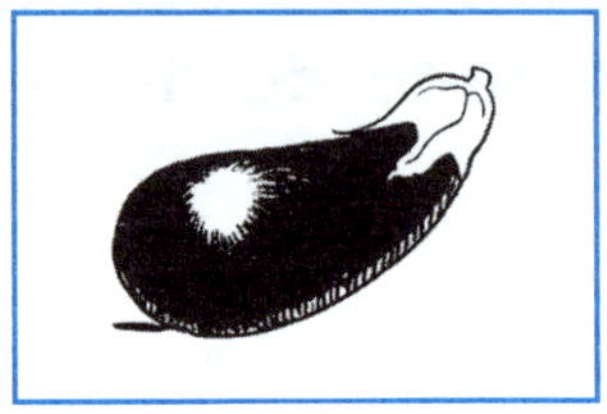
une aubergine

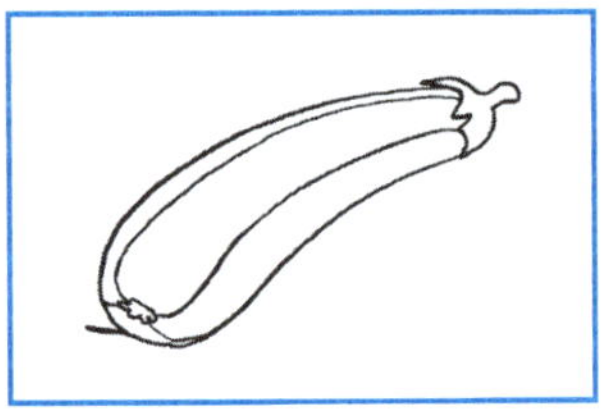
une courgette

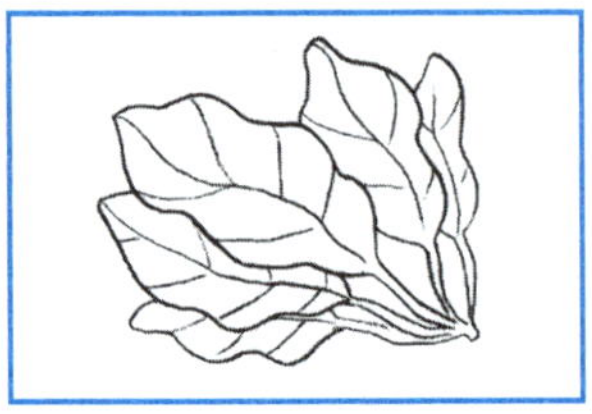
des épinards

une betterave

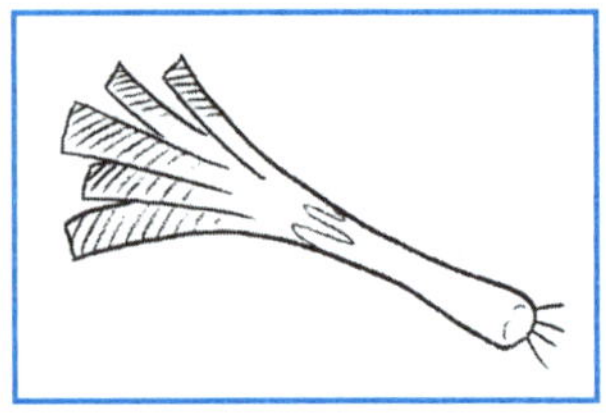
un poireau

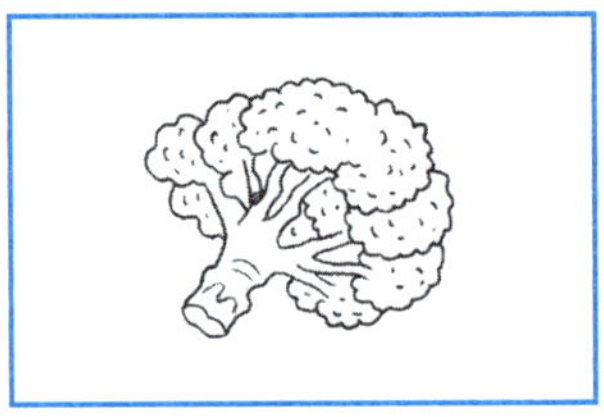
un brocoli

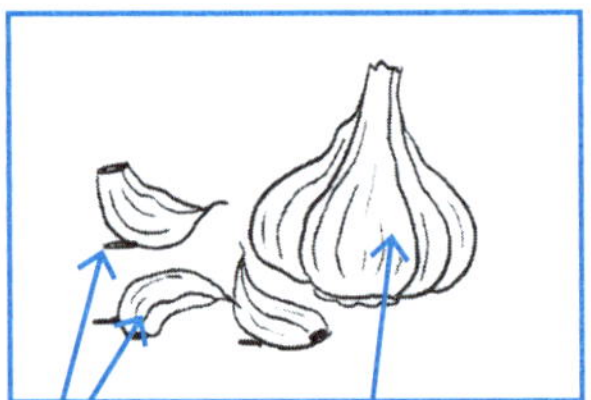
une tête et des gousses d'ail

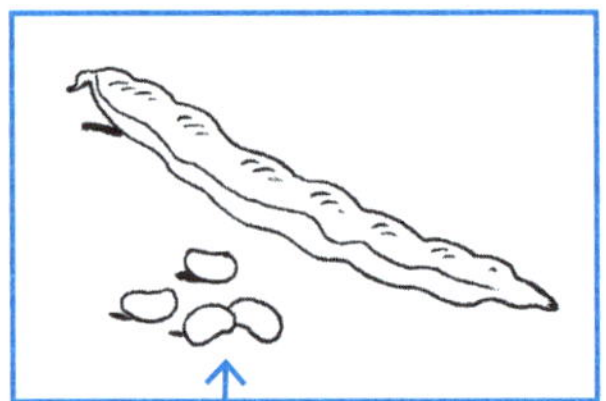
une fève

une échalote

un potiron

une patate douce

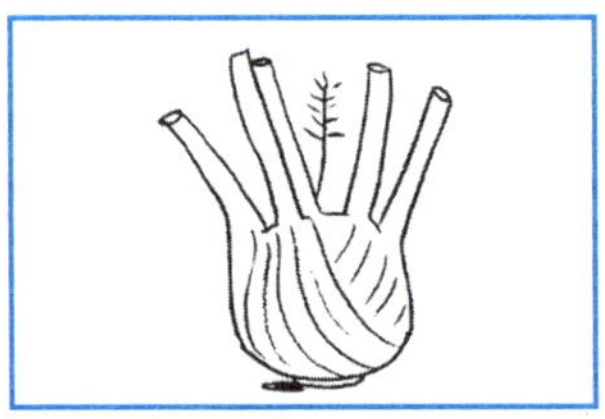
du fenouil

du céleri

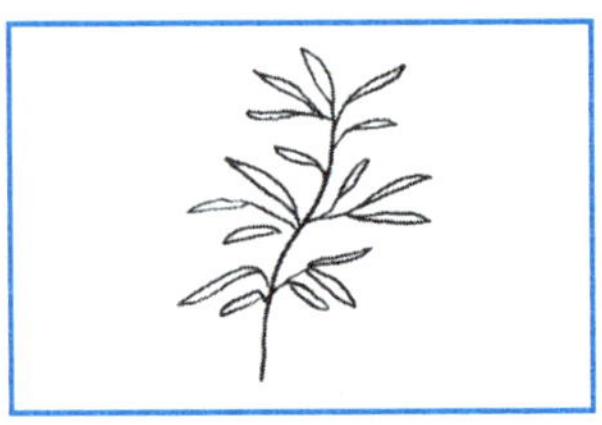
l'estragon

la coriandre

le basilic

le laurier

le persil

le thym

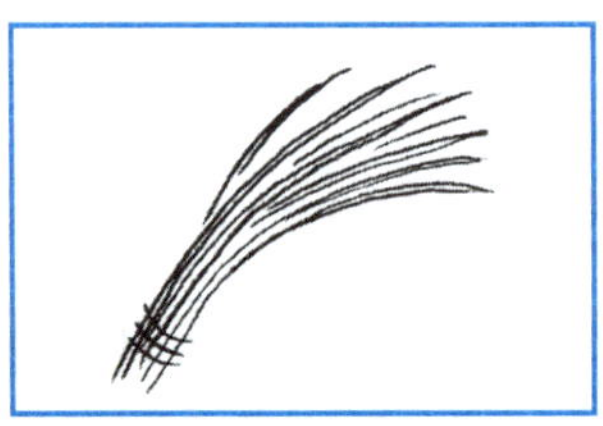
la ciboulette

le romarin

Objectif 1 : J'apprends des mots.

★ **Donne à chaque définition le numéro du nom qui lui correspond. Aide-toi de l'imagier.**

Un légume long qui peut être blanc ou vert.	n°......	1. le thym
Une graine qui ressemble à un gros haricot.	n°......	2. une asperge
La partie d'une plante qui s'enfonce dans la terre.	n°......	3. une racine
Une plante aromatique.	n°......	4. une échalote
Une plante proche de l'ognon.	n°......	5. une fève

Comment as-tu réussi ?

★★ **Complète les phrases avec les noms de la liste :** botte - fanes - laitues - laurier.

- Les tiges et les feuilles des carottes ou des pommes de terre sont appelées des ....
- Un bouquet garni se compose de ...., de thym et de persil.
- Comme ma mère aime beaucoup les salades, elle a planté des .... et des batavias.
- Quand on attache ensemble plusieurs légumes identiques comme des carottes, on dit qu'on fait une ....

Comment as-tu réussi ?

★★★ **Complète les phrases avec les mots de la liste :** potager - gousses - équeutait - fanes - potage - écosserez.

- Pendant que je couperai les carottes, vous .... les petits pois.
- Paul a mis les .... des carottes et des radis dans le composteur.
- Dans son .... , mon grand-père cultive des poireaux et des céleris.
- Pour réaliser un aïoli, il faut de l'huile d'olive, un jaune d'œuf et des .... d'ail.
- Anne prépare un .... avec les légumes de son potager.
- Pendant que Nervine épluchait les carottes, Marion .... les haricots verts.

Comment as-tu réussi ?

Objectif 2 : J'apprends à catégoriser.

★ Relie chaque plante à la catégorie qui lui correspond. Utilise l'imagier.

le persil •		• un potiron
le basilic •	• **légumes** •	• le romarin
un poireau •	• **herbes aromatiques** •	• le thym
une betterave •		• une courgette

Comment as-tu réussi ?

★★ Barre l'intrus dans chaque ligne.

- une laitue - une batavia - une carotte - le cresson - une scarole
- le poireau - le persil - le thym - le laurier - le basilic
- une feuille - une racine - une graine - un bulbe - un potager
- un poireau - un haricot - un brocoli - un topinambour - un abricot
- déguster - savourer - planter - se régaler - se délecter
- éplucher - équeuter - écosser - égrainer - écouter

Comment as-tu réussi ?

★★★ Classe les noms suivants dans les catégories qui leur correspondent. Utilise l'imagier.

une laitue - des épinards - une fève - un navet - un chou -
une carotte - un petit pois - une betterave - un haricot - une lentille -
une endive - un radis

Légumes dont on consomme les graines	Légumes dont on consomme les racines	Légumes dont on consomme les feuilles
....	....	....
....	....	....
....	....	....
....	....	....

Comment as-tu réussi ?

Objectif 3 : J'apprends à construire des mots.

★ Les familles de mots. Barre l'intrus dans chaque ligne.

- maraicher : maraichère - marchand - maraichage
- grain : graine - égrainer - grainetier - grappe
- légume : légumier - légumineux - légendaire
- aromate : arrosoir - aromatique - aromatiser - aromatisation
- feuille : feuillage - feuillu - feu - feuiller
- éplucher : éplucheur - épine - épluchure - épluchage

Comment as-tu réussi ?

★★ Construis des noms en utilisant le suffixe -eur.

planter → un planteur

éplucher → ....

moissonner → ....

arroser → ....

labourer → ....

vendanger → ....

semer → ....

cueillir → ....

Comment as-tu réussi ?

★★★ Construis des mots en utilisant des suffixes.

Trouve le nom en utilisant le suffixe -age.

laver → un lavage

éplucher → ....

arracher → ....

arroser → ....

sarcler → ....

biner → ....

désherber → ....

équeuter → ....

Trouve le verbe.

une pelure → peler

une épluchure → ....

une brulure → ....

une coupure → ....

une griffure → ....

une zébrure → ....

une rayure → ....

une fêlure → ....

Comment as-tu réussi ?

Objectif 4 : J'apprends à ranger dans l'ordre alphabétique.

a	b	c	d	e	f	g	h	i	j	k	l	m	n	o	p	q	r	s	t	u	v	w	x	y	z

★ Écris ces groupes de lettres dans l'ordre alphabétique.

ba - dé - po - qu	....	ar - aj - af - ax	....
wa - ni - mu - ve	....	un - um - ud - ub	....
ki - ji –hi - li	....	il - ib - is - im	....
ze - tu - ri - su	....	ov - ob - op - og	....
xo - go - co - yo	....	er - ev - ec - ef	....

Comment as-tu réussi ?

★★ Écris ces mots dans l'ordre alphabétique.

brocoli - betterave - basilic	....
courgette - ciboulette - céleri	....
fenouil - fleur - fane	....
asperge - aubergine - aromate	....

Comment as-tu réussi ?

★★★ Écris ces noms dans l'ordre alphabétique.

ail - aubergine - racine - aromate - radis - romarin	poireau - laurier - potager - laitue - persil - lentille
....	....
....	....
....	....
....	....
....	....
....	....

Comment as-tu réussi ?

Objectif 5 : Je mémorise les mots appris.

☆ Relie chaque mot à la définition qui lui correspond.

écosser •	• Enlever les grains.
égrainer •	• Une herbe aromatique dont les feuilles sont des petits tubes.
équeuter •	• Un légume à la chair rosée et sucrée.
la patate douce •	• Retirer de la cosse (l'enveloppe allongée).
la ciboulette •	• Enlever la queue de légumes ou de fruits.

Comment as-tu réussi ?

☆☆ Complète les phrases avec les noms de la liste :

aromates - fenouil - épluchures - maraicher - courgettes - aubergines.

- Judith achète ses légumes chez un ....
- En été, mon papa prépare régulièrement des ratatouilles avec des tomates, des .... et des ....
- L'estragon, le basilic et la coriandre sont des ....
- Gilles fait du compost avec les .... des légumes qu'il mange.
- Lise aime le gout d'anis du ....

Comment as-tu réussi ?

☆☆☆ Trouve les noms cachés dans la grille. Complète les devinettes.

C	O	U	R	G	E	T	T	E
A	U	B	R	O	C	O	L	I
P	P	O	T	I	R	O	N	O
E	C	H	A	L	O	T	E	T
A	I	L	C	E	L	E	R	I
R	O	M	A	R	I	N	I	L
B	E	T	T	E	R	A	V	E
N	A	V	E	T	G	I	V	E

- Il est de la même famille que la citrouille : le ....
- Elle est verte et allongée : la ....
- On mange ses bouquets de fleurs vertes : le ....
- Il est rond, blanc et mauve. On peut l'acheter en botte : le ....
- Il est blanc et on utilise ses gousses : l' ....
- Elle nous fait pleurer quand on l'épluche : l' ....

Comment as-tu réussi ?

3. La cuisine

Imagier

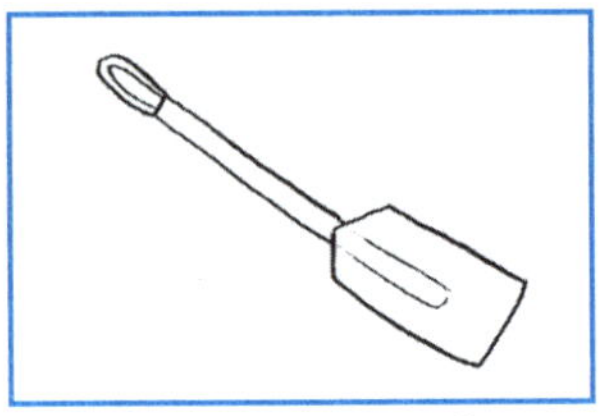
une spatule

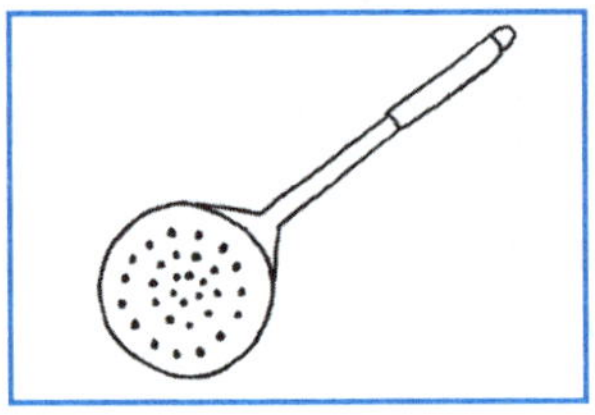
une écumoire

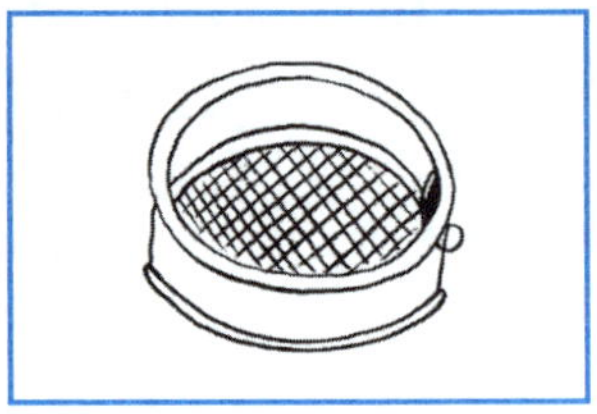
un tamis

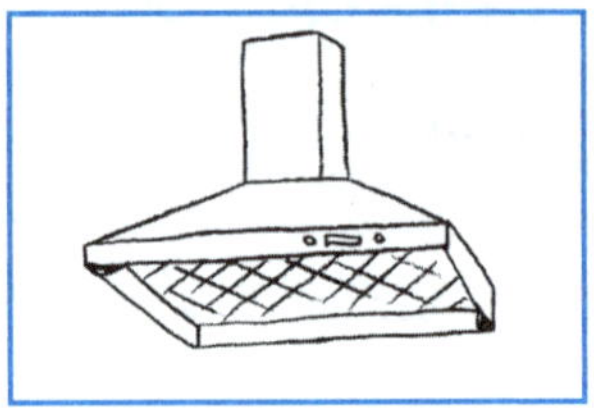
une hotte

une cocotte

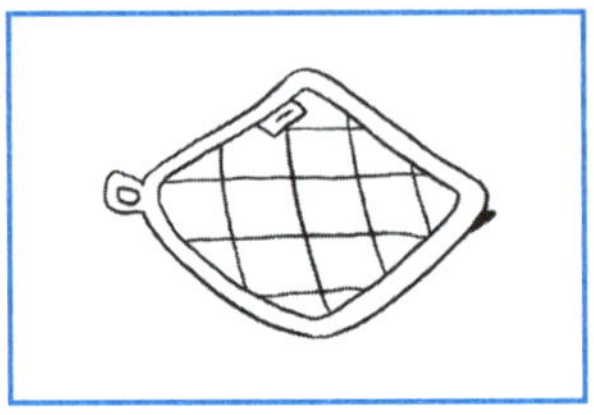
une manique

une passoire

un mortier et un pilon

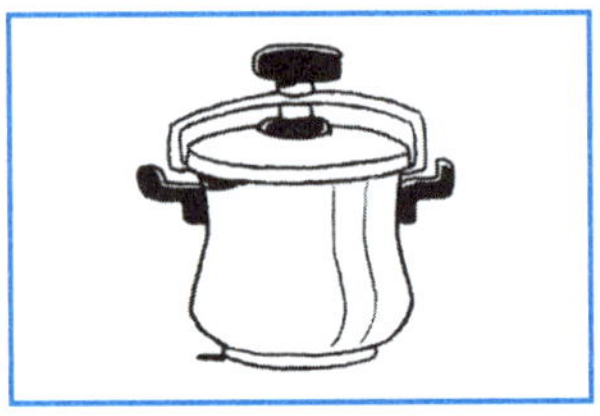
un autocuiseur

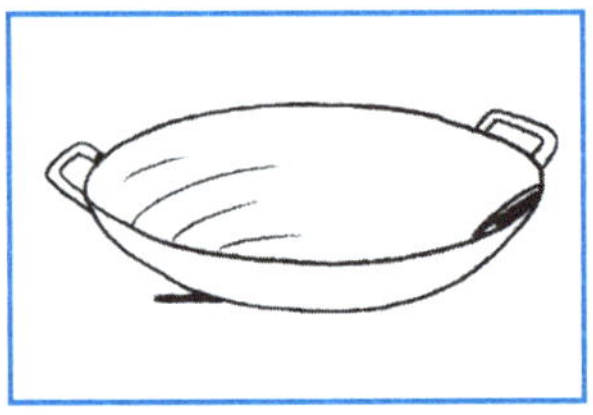
un wok

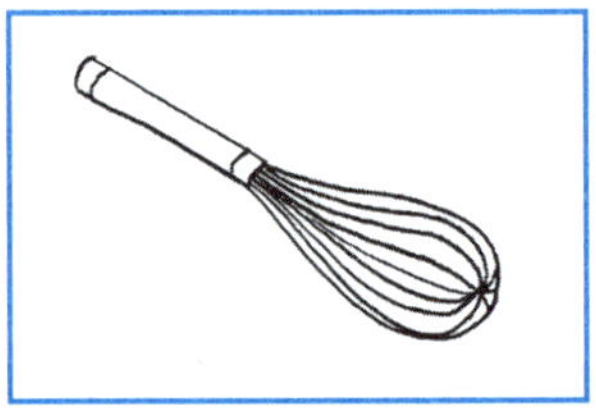
un fouet

une bouilloire

une sauteuse

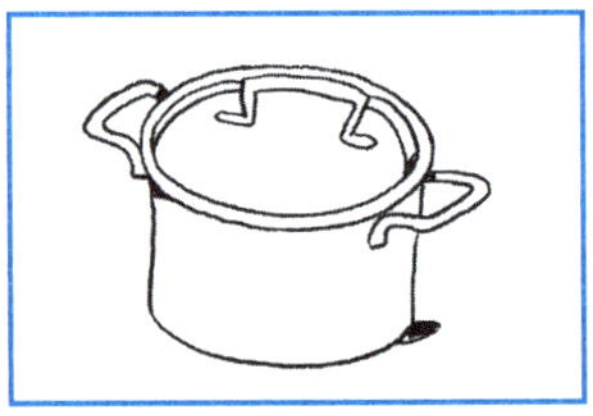
un faitout

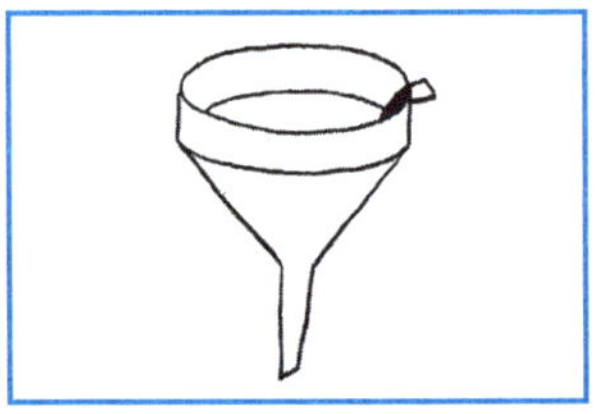
un entonnoir

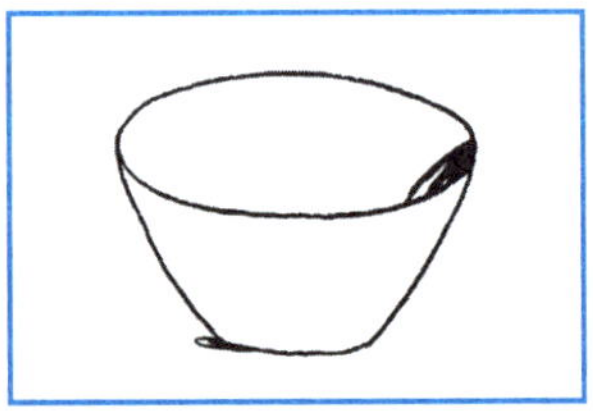
un saladier

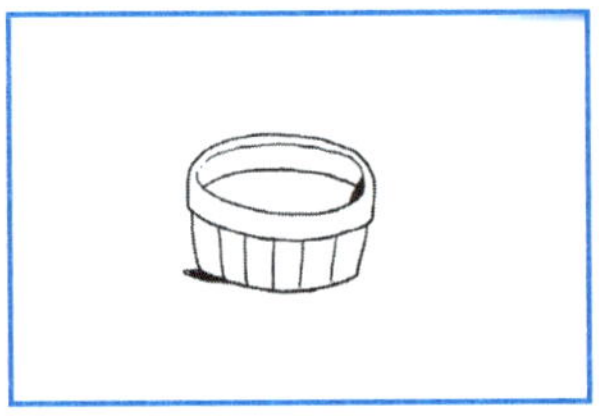
un ramequin

une poêle

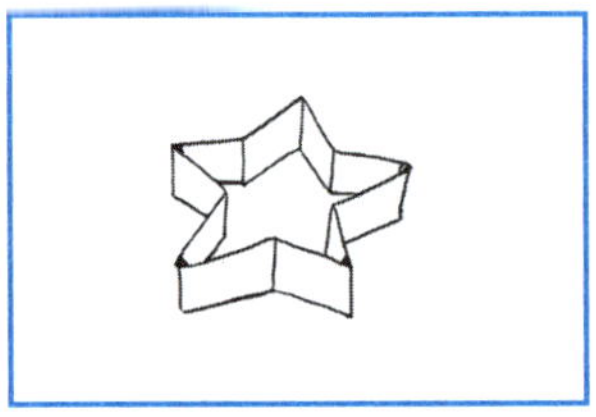
un emporte-pièce

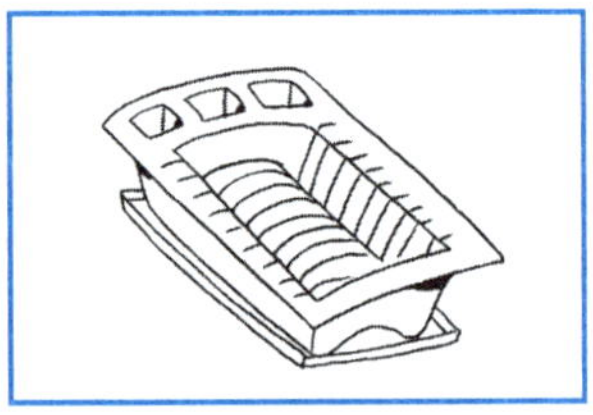
un égouttoir

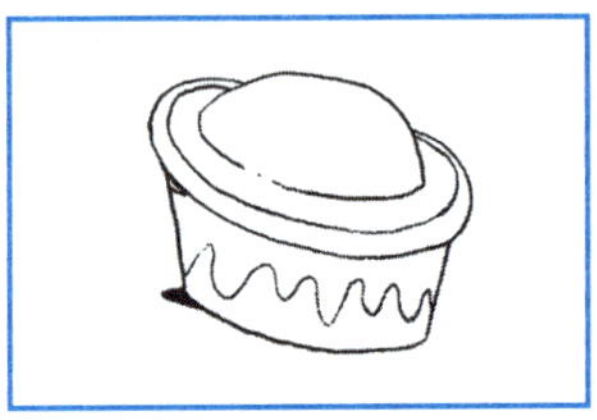
une terrine

une cruche ou un pichet

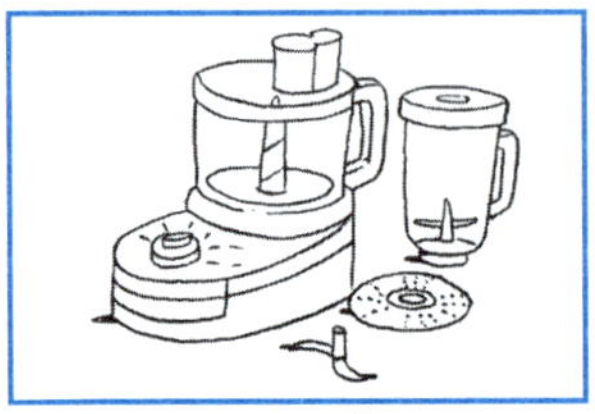
un robot ménager

une soupière

Objectif 1 : J'apprends des mots.

★ Donne à chaque définition le numéro du nom qui lui correspond. Aide-toi de l'imagier.

Un bol dans lequel on écrase des aliments avec un pilon.	n°......
Un récipient en terre cuite, muni d'un couvercle.	n°......
Un morceau de tissu utilisé pour essuyer la vaisselle.	n°......
Un récipient permettant de cuire des aliments sous pression.	n°......
Un récipient qui sert à faire bouillir de l'eau.	n°......

1. une terrine
2. un torchon
3. un mortier
4. une bouilloire
5. un autocuiseur

Comment as-tu réussi ?

★★ Complète les phrases avec les noms de la liste : louche - cruche - cocotte - passoire - spatule - ustensiles.

- Verse les pâtes dans la .... pour qu'elles s'égouttent.
- J'ai oublié de prendre la .... pour servir le potage.
- Utilise une .... pour remuer les légumes qui cuisent dans la ....
- J'ai rangé tous les .... de cuisine dans le buffet.
- Remplis la .... d'eau et pose-la sur la table, s'il te plait.

Comment as-tu réussi ?

★★★ Complète les phrases avec les noms de la liste : hotte - carafe - bocaux - plat - cuisson - pichet.

- Disposez les légumes et le rôti sur un .... de service.
- Elle posa des verres et un .... de limonade fraiche sur la table du jardin.
- Fanny versa sa confiture dans des ....
- Papa installe une .... au-dessus des plaques de ....
- Gaspard versa le vin dans une belle .... en cristal.

Comment as-tu réussi ?

Objectif 2 : J'apprends à catégoriser.

★ **Relie chaque nom à la catégorie qui lui correspond.**
Utilise l'imagier.

un fouet •		• un pichet
une carafe •	• **ustensiles** •	• une louche
une écumoire •	• **récipients** •	• un ramequin
un emporte-pièce •		• un couteau
un bocal •		• une cruche

Comment as-tu réussi ?

★★ **Classe les noms dans les catégories :** une tasse - un faitout - un gobelet - une friteuse - un bol - un wok - un autocuiseur - une timbale - une cocotte - un verre.

Objets servant à boire	Objets servant à cuire
....	....
....	....
....	....
....	....
....	....

Comment as-tu réussi ?

★★★ **Recopie les noms qui font partie de la catégorie « cuisine ».**
(Au besoin, utilise l'imagier.)

une écumoire - un canapé - un lit - un réfrigérateur - un four - un évier - une baignoire - une poêle - une brosse à dents - un ramequin - une bouilloire - un moule - une douche - une manique - un lavabo - une sauteuse

....

....

....

....

Comment as-tu réussi ?

Objectif 3 : J'apprends à construire des mots.

☆ Les familles de mots. Barre l'intrus dans chaque ligne.

- cuire : cuisine - cuisse - cuisson - recuire - cuisinière
- bouilloire : bouillir - ébouillanter - bouillon - boulier - bouillotte
- pâte : pâtisserie - pâtissier - pâle - pâteux - pâteuse
- frire : friture - friteuse - frileuse - frite - friterie
- égoutter : goutte - égouttoir - gouttelette - gouter - gouttière
- four : fourneau - enfourner - fournée - fournil - fourmi

Comment as-tu réussi ?

☆☆ Construis des verbes à partir des noms en utilisant le suffixe -er.

un hach**oir** → hach**er**		une saut**euse** → saut**er**	
un grattoir →	....	une essoreuse →	....
un tranchoir →	....	une éplucheuse →	....
un égouttoir →	....	une trancheuse →	....

Comment as-tu réussi ?

☆☆☆ Construis des noms en utilisant les suffixes proposés.

Trouve un autre nom en utilisant le suffixe -ière.	Trouve un autre nom en utilisant le suffixe -ier.
la cuisine → la cuisin**ière**	l'huile → un huil**ier**
le thé →	le poivre → ....
la soupe →	le beurre → ....
le sorbet →	le sucre → ....
le yaourt →	le vinaigre → ....
la sauce →	la salade → ....
la glace →	la confiture → ....

Comment as-tu réussi ?

Objectif 4 : Je comprends le sens des mots.

★ Donne à chaque définition le numéro de la phrase qui lui correspond.

Des coquillages comestibles.	n°......
Un grand panier qu'on porte sur le dos.	n°......
Des récipients pour cuire des gâteaux.	n°......
Un appareil électrique qui aspire les fumées et les odeurs de cuisson.	n°......

1. J'ai acheté deux **moules** à cake.
2. Si tu cuis des pâtes, n'oublie pas de mettre la **hotte** en marche.
3. Nous avons mangé des **moules** marinière.
4. Le père Noël enfile les bretelles de sa **hotte**.

Comment as-tu réussi ?

★★ Complète les phrases en utilisant un des mots proposés.

verre - vers - vert

- Emma a acheté un manteau .... ◆ Veux-tu un .... d'eau ?
- Ils se sont dirigés .... la plage.

cuire - cuire

- Ces pâtes sont trop dures : il faut les faire .... plus longtemps.
- Clotilde a acheté un joli blouson en ....

Comment as-tu réussi ?

★★★ Complète les phrases en utilisant : bouchon - couteau - louche - poêle.

- Amélia prit un .... pour découper le poulet.
- Nous avons été bloqués dans un ....
- Il porte des lunettes car il .... un peu.
- Il fit fondre du beurre dans une .... puis y versa les œufs battus.
- Le .... est un coquillage qui vit dans le sable.
- Pour servir le potage, on utilise une ....
- Le .... s'est cassé dans le goulot de la bouteille.
- Un grand .... à bois est installé dans un coin du salon.

Comment as-tu réussi ?

Objectif 5 : Je comprends les contraires.

☆ **Complète les groupes de mots en utilisant les verbes de sens contraire :** débrancher - diminuer - conserver - refroidir.

- **chauffer** la préparation → .... la préparation
- **jeter** la graisse → .... la graisse
- **brancher** le robot ménager → .... le robot ménager
- **augmenter** le feu → .... le feu

Comment as-tu réussi ?

☆☆ **Écris l'adjectif contraire de chaque adjectif en gras :** grasse - rassis - fine - dure - épicé.

- une pâte **molle** → une pâte ....
- un plat **fade** → un plat ....
- une viande **maigre** → une viande ....
- une tranche **épaisse** → une tranche ....
- un pain **frais** → un pain ....

Comment as-tu réussi ?

☆☆☆ **Complète les phrases en utilisant les mots contraires des mots en gras :** déballer - creuses - résistant - dévisser - finement - vif.

- Le revêtement de cette poêle est **fragile**.

  Le revêtement de cette poêle est ....
- Les assiettes **plates** sont dans le buffet.

  Les assiettes .... sont dans le buffet.
- Hachez les échalotes **grossièrement**.

  Hachez les échalotes ....
- Il faudrait d'abord **emballer** la vaisselle.

  Il faudrait d'abord .... la vaisselle.
- Je n'arrive pas à **visser** le couvercle du bocal.

  Je n'arrive pas à .... le couvercle du bocal.

Comment as-tu réussi ?

Objectif 6 : J'apprends à ranger dans l'ordre alphabétique.

a	b	c	d	e	f	g	h	i	j	k	l	m	n	o	p	q	r	s	t	u	v	w	x	y	z

★ Écris ces groupes de lettres dans l'ordre alphabétique.

va - ma - ba - sa	....	mo - bu - pa - fa	....
jo - ca - fi - tu	....	su - no - ti - da	....
ro - ka - gi - xu	....	ni - mi - di - bi	....

Comment as-tu réussi ?

★★ Écris ces groupes de lettres dans l'ordre alphabétique.

bar - bra - bla - bal

....

glu - gru - gur - gul

....

for - flo - fol - fro

....

cri - cli - cil - cir

....

pre - pel - per - ple

....

tre - tri - tra - tro

....

pla - ple - pli - plo

....

cro - cra - cri - cré

....

dru - dra - dri - dre

....

blo - bli - bla - blu

....

Comment as-tu réussi ?

★★★ Écris ces noms dans l'ordre alphabétique.

manique - couverts - ustensile - marmite - casserole - flute

....

....

....

bouilloire - sauteuse - wok - soupière - bol - beurrier

....

....

....

Comment as-tu réussi ?

Objectif 7 : Je mémorise les mots appris.

☆ **Donne à chaque définition le numéro du nom qui lui correspond.**

Un ustensile qui sert à enlever la mousse et l'écume.	n°......	1. un wok
Un gant ou un carré de tissu qui sert à prendre des plats chauds sans se bruler.	n°......	2. une manique
Un récipient plus profond qu'une poêle qui sert à faire frire des aliments.	n°......	3. une écumoire
Un ustensile que l'on met sur le goulot d'une bouteille pour verser du liquide.	n°......	4. un faitout
Un récipient de cuisson muni d'un couvercle et de deux poignées, moins profond qu'une marmite.	n°......	5. un entonnoir

Comment as-tu réussi ?

☆☆ **Complète les phrases avec les noms de la liste :** pilon - bouilloire - emporte-pièce - torchon - terrine - mortier - égouttoir.

- Elle découpe la pâte en forme d'étoiles à l'aide d'un ....
- Héloïse prit un .... pour essuyer les assiettes qui étaient sur l' ....
- Pour écraser les gousses d'ail, il alla chercher un .... et un ....
- Le charcutier fait cuire un pâté dans une grande ....
- Lise mit de l'eau à chauffer dans la .... électrique.

Comment as-tu réussi ?

☆☆☆ **Complète les séries avec les noms de la liste :** une spatule - un saladier - un autocuiseur - un beurrier - une cocotte - une écumoire - un tamis - une sauteuse - une soupière.

- un poêlon - une casserole - .... - .... - ....
- une louche - un fouet - .... - .... - ....
- un sucrier - une saucière - .... - .... - ....

Comment as-tu réussi ?

4. Le mobilier et les objets de la maison

Imagier

une commode

une bibliothèque

une penderie

un buffet

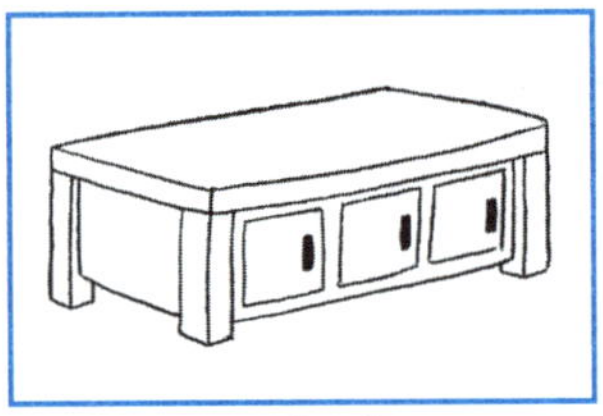
un bahut

une horloge

un canapé

une malle

un berceau

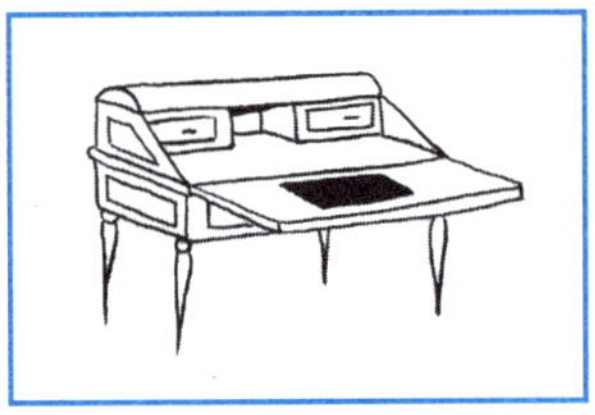
un secrétaire

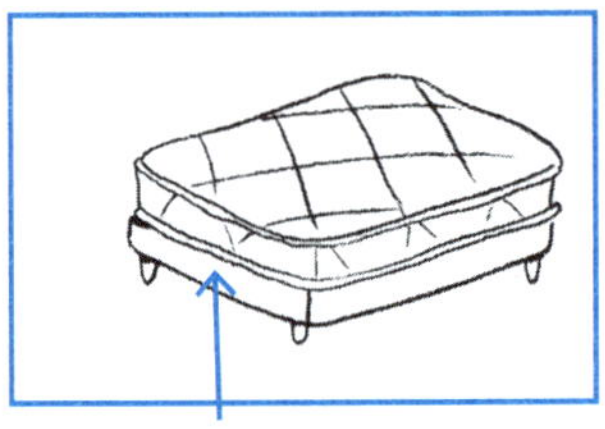
un sommier

un poêle

un plafonnier

un paravent

un lustre

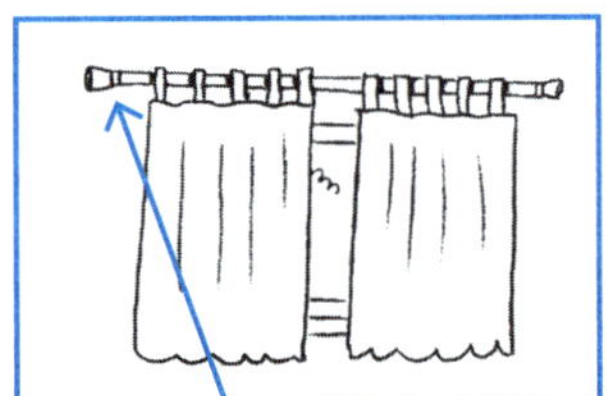
une tringle

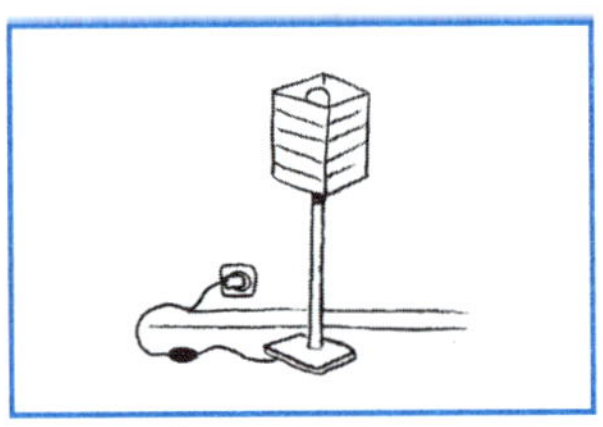
un lampadaire

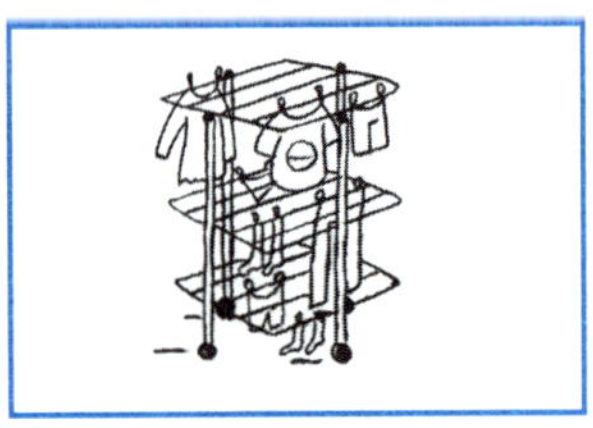
un étendoir à linge

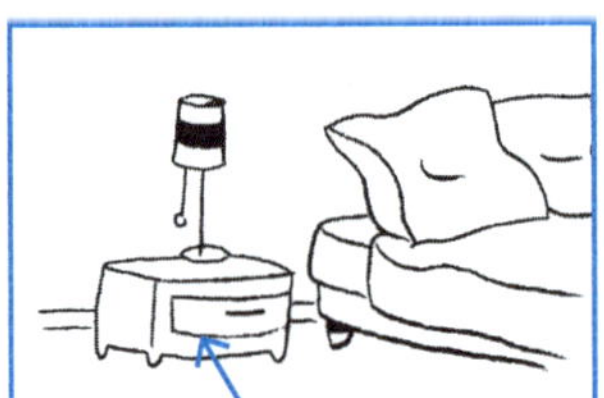
une table de chevet

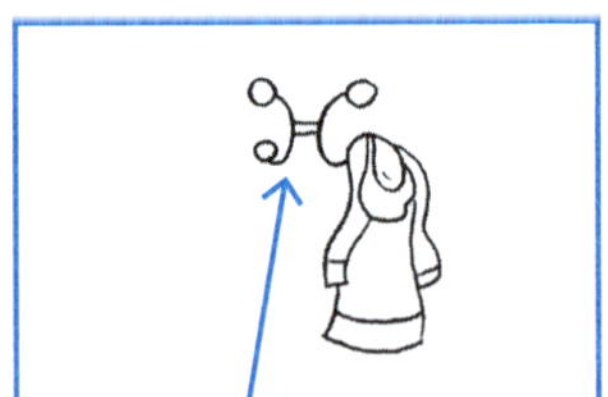
une patère

un baldaquin

une coiffeuse

un guéridon

un chandelier

Objectif 1 : J'apprends des mots.

★ **Donne à chaque définition le numéro du nom qui lui correspond. Aide-toi de l'imagier.**

Un support pour bougies, pour chandelles.	n°......	1. un matelas
Un grand coussin rectangulaire rembourré que l'on pose sur le sommier d'un lit.	n°......	2. une penderie
Un meuble bas à tiroirs.	n°......	3. une commode
Un placard dans lequel on suspend des vêtements.	n°......	4. un chandelier
Un meuble haut, fermé par des portes et servant à ranger du linge.	n°......	5. une armoire

Comment as-tu réussi ?

★★ **Écris le nom qui peut remplacer chaque groupe de mots en gras :** bahut - plafonnier - tringle - malle - mobilier.

- Dans sa chambre, Jean a **un coffre** pour ranger ses jouets. → une ....
- L'ampoule **de la lampe fixée au plafond** est grillée. → du ....
- **L'ensemble des meubles** a été acheté par un antiquaire. → le ....
- Un des côtés de la cuisine était occupé par **un large buffet bas**. → le ....
- Adeline a acheté **une barre** en métal pour suspendre ses rideaux. → une ....

Comment as-tu réussi ?

★★★ **Complète les phrases avec les mots de la liste :** chevet - bibliothèque - cire - vaisselier - meublent - lit.

- Va chercher le dictionnaire dans la ....
- Pour faire briller ses meubles, ma grand-mère les .... régulièrement.
- Un buffet, une grande table et six chaises .... la salle à manger.
- Le mobilier de la chambre se composait d'un ...., de deux tables de .... et d'un fauteuil en cuir.
- Florie a mis des assiettes décorées dans son ....

Comment as-tu réussi ?

Objectif 2 : J'apprends à catégoriser.

☆ Relie chaque nom à la catégorie qui lui correspond.
Utilise l'imagier.

un lampadaire •		• un tabouret
un banc •	• **des sièges** •	• un canapé
une chaise •		• un lustre
un plafonnier •	• **des luminaires** (ils servent à éclairer) •	• un fauteuil
une lampe •		• une veilleuse

Comment as-tu réussi ?

☆☆ Complète les séries en utilisant les noms de la liste : une horloge - un bahut - un candélabre - un portemanteau - un store - un sommier.

- un buffet - une armoire - ....
- une patère - un cintre - ....
- un matelas - une couette - ....
- un réveil - une pendule - ....
- un chandelier - un bougeoir - ....
- un rideau - une tenture - ....

Comment as-tu réussi ?

☆☆☆ Écris les noms qui font partie de chaque pièce de la maison :
un sommier - un évier - un réfrigérateur - une commode - une penderie - un four - un matelas - un lave-vaisselle - un garde-manger - une coiffeuse - un baldaquin - une hotte.

La chambre	La cuisine
....	....
....	....
....	....
....	....
....	....
....	....

Comment as-tu réussi ?

Objectif 3 : J'apprends à construire des mots.

★ Les familles de mots. Barre l'intrus dans chaque ligne. Entoure le radical des mots de la même famille.

- coiffeuse : coiffeur - coiffer - ~~coincer~~ - décoiffer
- lit : literie - litière - aliter - liseuse
- penderie : pendre - pente - suspendre - suspension
- baignoire : bagne - baignade - baigner - baigneur
- bois : boiserie - boiser - boite - déboiser
- dos : dossier - adossé - dosage - endosser

Comment as-tu réussi ?

★★ Construis des noms en utilisant les suffixes proposés.

Suffixe -oir.		
étendre	→	un **étendoir**
s'accouder	→	....
sécher	→	....
(se) mirer	→	....
tirer	→	....
fermer	→	....

Suffixe -ette (qui signifie « petite »).		
une **caisse**	→	une **caissette**
une table	→	....
une malle	→	....
une statue	→	....
une pendule	→	....
une cloche	→	....

Comment as-tu réussi ?

★★★ Construis des noms composés en utilisant les mots de la liste :
grille - lit - manger - jour - boite - chauffe - tête - vaisselle - robe.

un abat-........................	une garde-........................	un appuie-........................
un garde-	un canapé-........................	un .... -plat
un lave-........................	un ouvre-........................	un .... -pain

Comment as-tu réussi ?

Objectif 4 : Je comprends le sens des mots.

☆ **Donne à chaque définition le numéro de la phrase qui lui correspond.**

Personne dont le métier est de s'occuper des cheveux.	n°......
Meuble dans lequel on range de la vaisselle.	n°......
Petite table munie d'un miroir.	n°......
Table couverte de plats et de boissons, où les invités viennent se servir.	n°......

1. Les assiettes et les verres sont rangés dans le buffet.
2. Pour le mariage de ma tante, le traiteur avait préparé un buffet froid.
3. La coiffeuse lui a coupé les cheveux.
4. Jeanne a trouvé une jolie coiffeuse chez l'antiquaire.

Comment as-tu réussi ?

☆☆ **Complète les phrases en utilisant un des deux mots proposés.**

mal - malle

- Elle a rangé ses poupées dans une ....
- Édouard a mangé trop de crème fouettée, il a .... au ventre.

sire - cire

- .... était le titre qu'on donnait au roi quand on s'adressait à lui.
- La .... d'abeille est utilisée pour entretenir les meubles.

tapi - tapis

- .... dans les herbes hautes, le tigre guette sa proie.
- J'ai passé l'aspirateur sur le .... du salon.

Comment as-tu réussi ?

☆☆☆ **Complète les phrases en utilisant les noms de la liste :** secrétaire - commode - canapés - banc.

- La .... du médecin prend les rendez-vous.
- Le patron pêcheur a repéré un .... de sardines.
- Cet homme n'a pas l'air ....
- Pour l'apéritif, Medhi a préparé des .... au fromage.
- Deux .... et plusieurs fauteuils en cuir meublent le salon.
- Mon père range son courrier dans les tiroirs de son ....
- J'ai rangé tes chaussettes dans le premier tiroir de ta ....
- Assis sur un .... du parc, deux garçons discutent.

Comment as-tu réussi ?

Objectif 5 : Je comprends les synonymes.

★ **Entoure le synonyme du nom en bleu dans chaque colonne.**

une penderie	une horloge	un miroir	un coffre	un chandelier
une chaise	une table	une coiffeuse	un berceau	un bahut
une garde-robe	un banc	un cadre	une malle	un paravent
un lit	une pendule	une vitre	un lustre	un fauteuil
un poêle	une coiffeuse	une veilleuse	une vitrine	un guéridon
un tabouret	un canapé	une glace	un secrétaire	un candélabre

Comment as-tu réussi ?

★★ **Écris l'adjectif synonyme de chaque adjectif en utilisant :** obscur - ancien - moderne - laid - magnifique - nouveau - vaste - clair.

joli → ravissant

superbe ....

spacieuse ....

contemporain ....

sombre ....

lumineux ....

neuf ....

affreux ....

vieux ....

Comment as-tu réussi ?

★★★ **Complète en remplaçant le mot en gras par son synonyme :** accrocher - endommagé - antiquaire - canapé.

- J'ai acheté ce guéridon chez un **brocanteur**.
  J'ai acheté ce guéridon chez un ....
- Luce s'allongea sur le **divan** et s'endormit profondément.
  Luce s'allongea sur le .... et s'endormit profondément.
- Un des panneaux du paravent a été **abimé** au cours du déménagement.
  Un des panneaux du paravent a été .... au cours du déménagement.
- Peux-tu m'aider à **suspendre** ce tableau au-dessus de la commode ?
  Peux-tu m'aider à .... ce tableau au-dessus de la commode ?

Comment as-tu réussi ?

Objectif 6 : J'apprends à ranger dans l'ordre alphabétique.

a	b	c	d	e	f	g	h	i	j	k	l	m	n	o	p	q	r	s	t	u	v	w	x	y	z

★ Écris ces groupes de lettres dans l'ordre alphabétique.

hol - hal - hel

....

chu - ceu - cur

....

lor - lur - lar

....

nar - nat - naf - nau

....

blou - blon - bloi - blot

....

crin - crie - cril - crip

....

plan - plai - plat - plas

....

mien - miel - miet - mieu

....

Comment as-tu réussi ?

★★ Écris ces noms dans l'ordre alphabétique.

coiffeuse - armoire - divan - canapé - fauteuil - tringle

....

....

....

berceau - plafonnier - vaisselier - pendule - bahut - patère

....

....

....

Comment as-tu réussi ?

★★★ Écris les noms de chaque ligne dans l'ordre alphabétique.

- armoire - armature - armure : ....
- coiffeuse - coiffure - coiffage : ....
- paravent - parachute - parasol : ....
- mobilier - mobilité - mobile : ....
- vitrine - vitrage - vitrier : ....

Comment as-tu réussi ?

Objectif 7 : Je mémorise les mots appris.

☆ Donne à chaque définition le numéro du nom qui lui correspond.

Un meuble dans lequel on range des livres.	n°......
Un meuble à tiroirs muni d'une tablette rabattable qui sert de table pour écrire.	n°......
La partie d'un lit sur laquelle le matelas est posé.	n°......
Un support fixé au mur sur lequel on accroche des vêtements.	n°......
Une petite table ronde ou ovale munie d'un pied central.	n°......

1. un guéridon
2. un secrétaire
3. une bibliothèque
4. un sommier
5. une patère

Comment as-tu réussi ?

☆☆ Complète les phrases avec les noms de la liste :

lustre - baldaquin - paravent - coiffeuse - chevet - étendoir.

- Dans la salle de bains, du linge séchait sur un ....
- Un magnifique .... en cristal éclairait la salle à manger.
- Dans la chambre, le lavabo était caché derrière un ....
- Après avoir monté le lit à .... et les deux tables de .... , ils installèrent la ....

Comment as-tu réussi ?

☆☆☆ Complète les phrases avec les noms trouvés dans la grille.

K	H	O	R	L	O	G	E	A	U
L	I	T	M	A	T	E	L	A	S
L	A	M	É	N	A	G	É	S	E
V	A	I	S	S	E	L	I	E	R
P	E	N	D	E	R	I	E	S	A
C	H	A	N	D	E	L	I	E	R
I	C	O	M	M	O	D	E	L	E
C	I	R	E	C	H	E	V	A	L
B	A	H	U	T	P	O	Ê	L	E

- Suspends ta veste dans la ....
- Un des tiroirs de la .... est coincé.
- Pour se chauffer, ils disposaient d'un .... à charbon.
- Les aiguilles de l' .... indiquaient onze heures.
- Des belles assiettes anciennes décorent le ....
- Alice alluma les bougies du .... avec un briquet.

Comment as-tu réussi ?

5. Les outils

Imagier

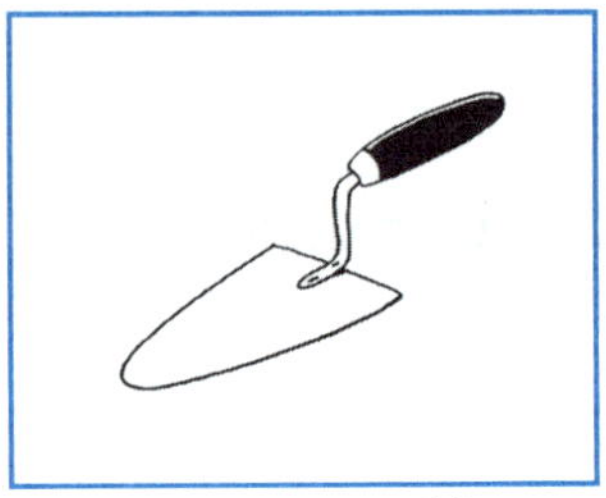
une truelle

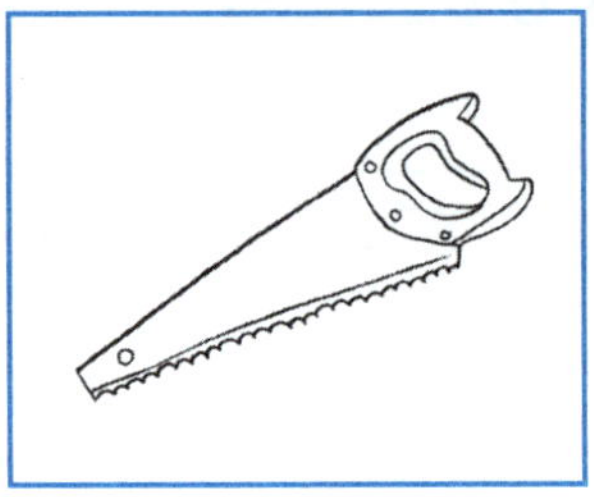
une scie

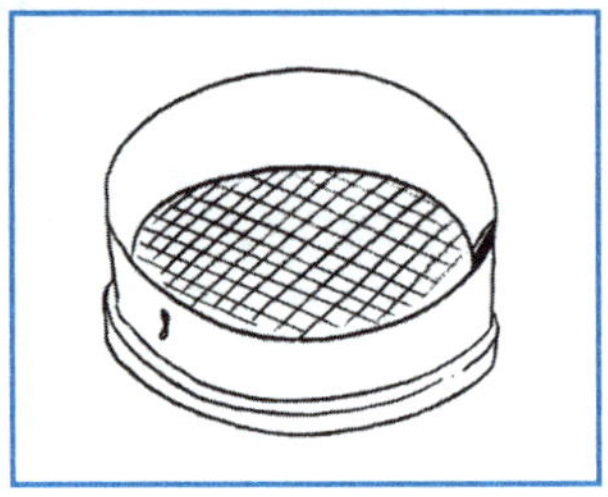
un tamis

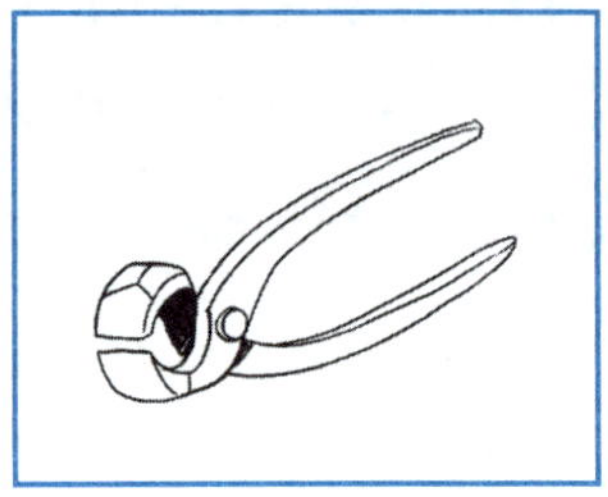
des tenailles

un chalumeau

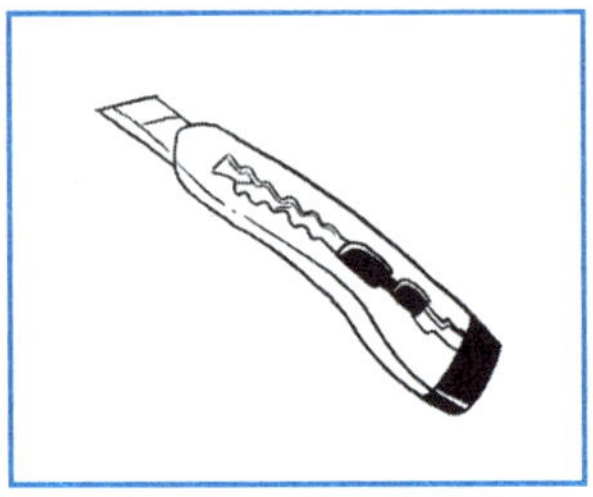
un cutteur

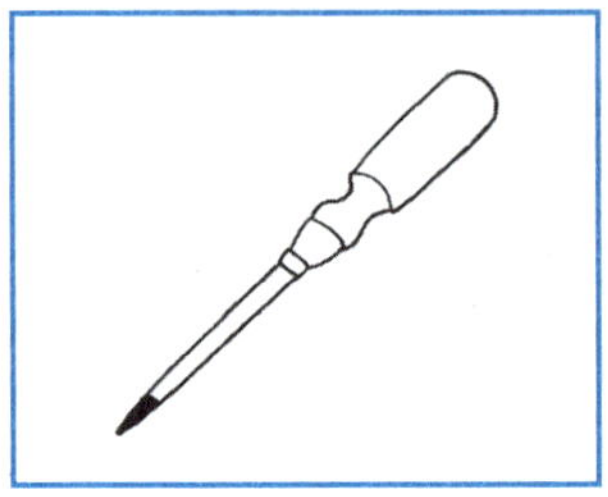
un tournevis

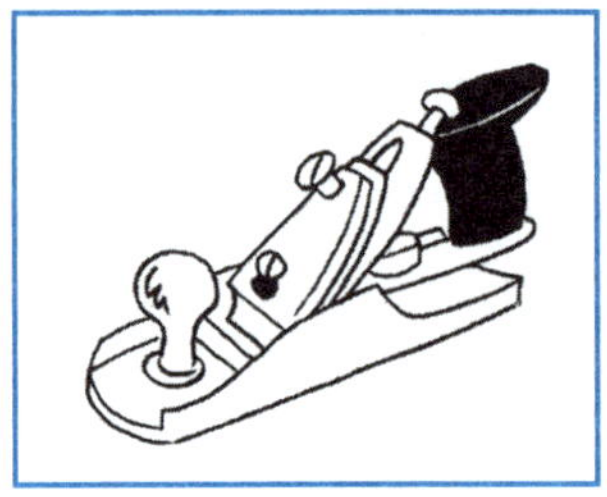
un rabot

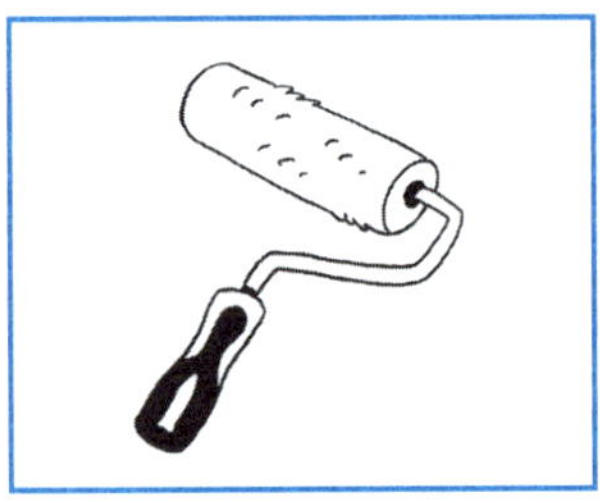
un rouleau à peinture

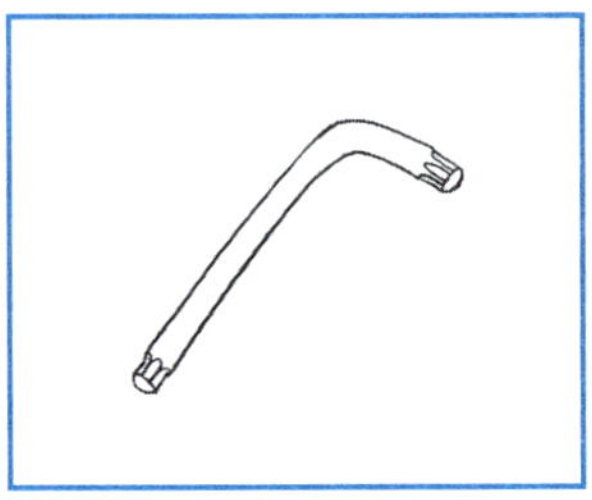
une clé

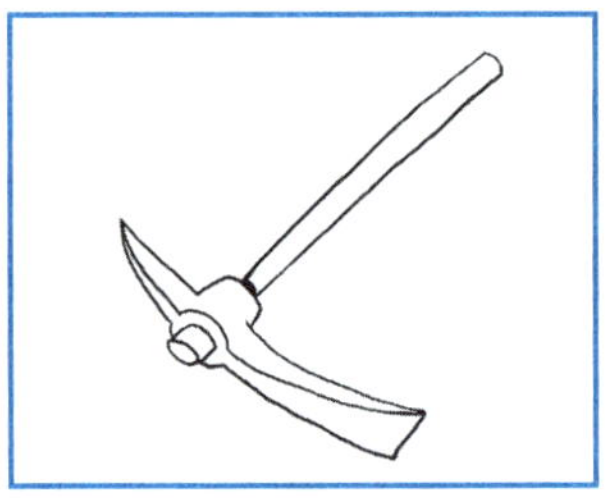
une pioche

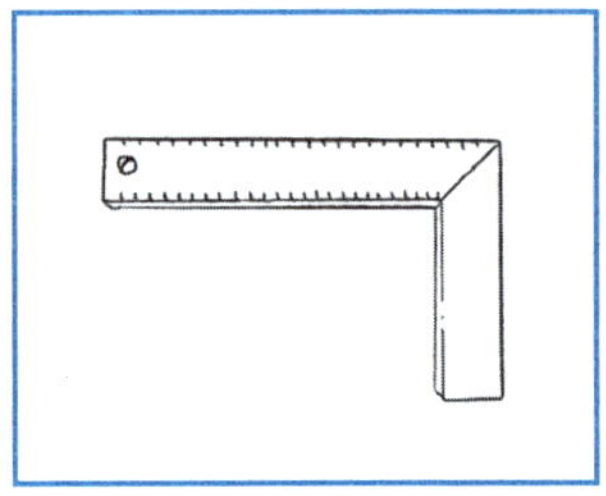
une équerre

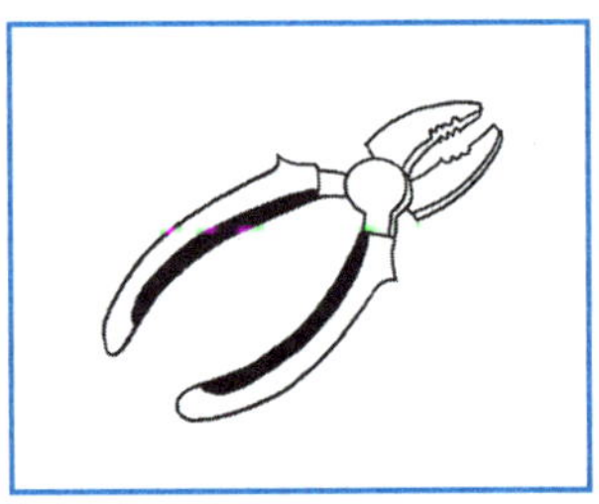
une pince

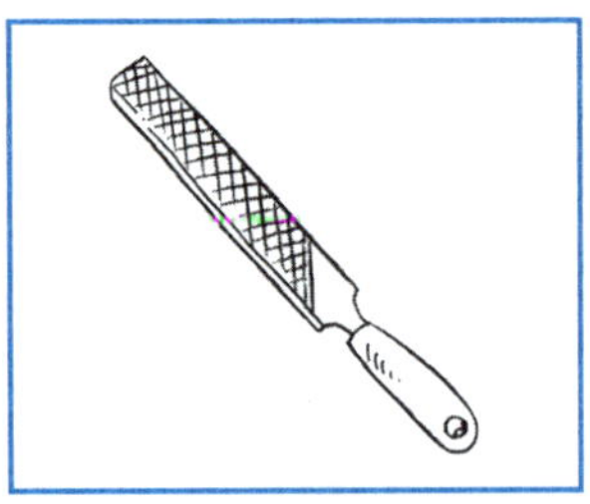
une lime

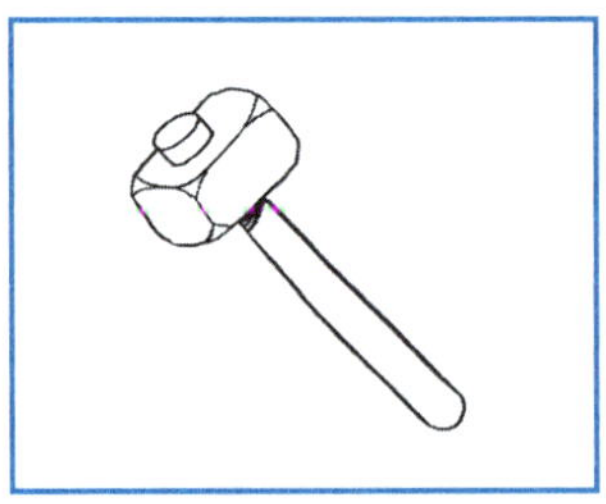
une masse

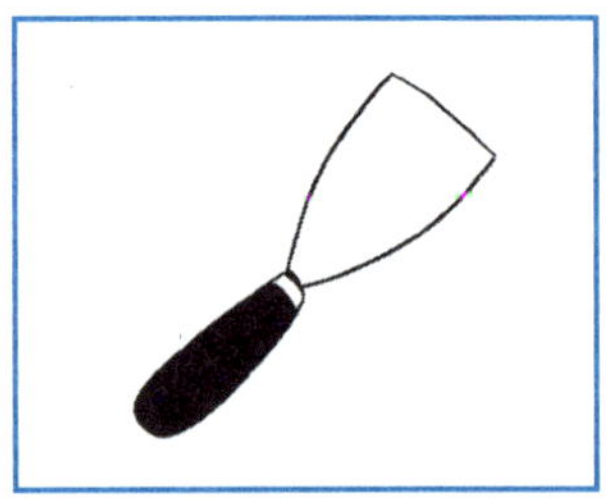
un grattoir

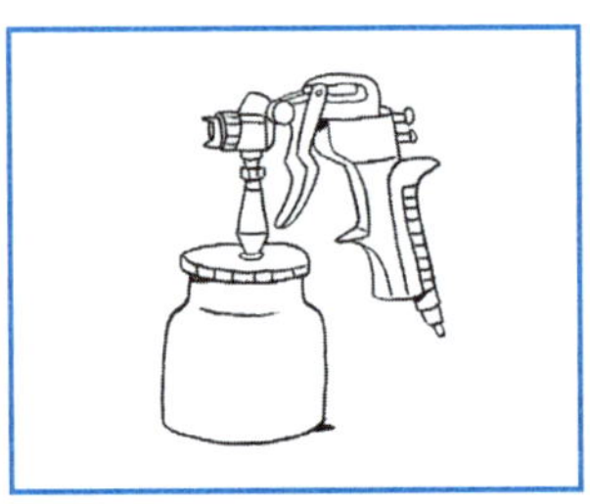
un pistolet à peinture

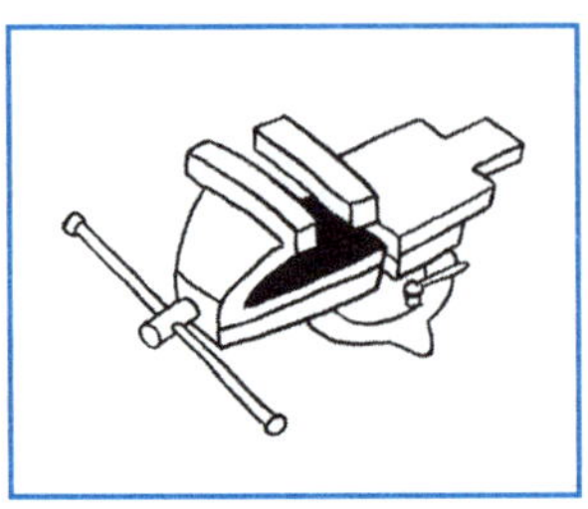
un étau

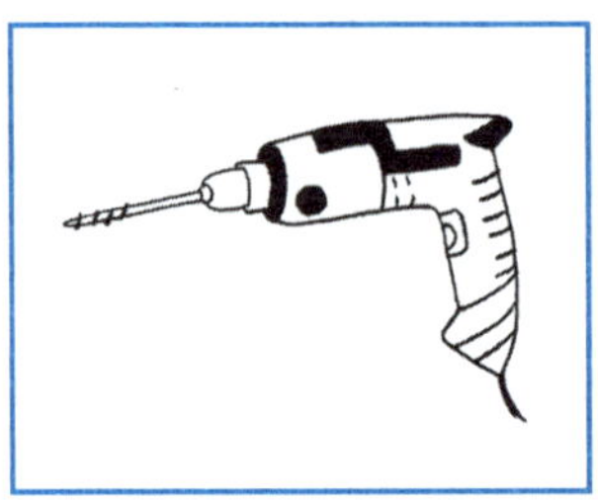
une perceuse

une ponceuse

★ **Donne à chaque définition le numéro du nom qui lui correspond. Aide-toi de l'imagier.**

Un outil de maçon composé d'un manche et d'une lame triangulaire.	n°......	1. un étau
Un outil de menuisier qui sert à diminuer une pièce de bois.	n°......	2. une truelle
Un outil qui sert à maintenir un objet sur lequel on travaille.	n°......	3. un rabot

Comment as-tu réussi ?

★★ **Écris le nom qui correspond à chaque définition (une lettre par case).**

scie - rouleau - équerre - ponceuse.

- Elle sert à poncer les murs et les planchers. → la ☐☐☐☐☐☐☐☐
- Elle sert à tracer des angles droits. → l' ☐☐☐☐☐☐☐
- Il a une forme cylindrique et sert à peindre. → le ☐☐☐☐☐☐☐
- Elle sert à découper des matières dures. → la ☐☐☐☐

Comment as-tu réussi ?

★★★ **Complète les phrases avec les noms de la liste :**

clé - pioche - tamis - masse - tenailles.

- Le maçon passe le sable à travers le .... pour en enlever les petites pierres.
- Pour agrandir le salon, Georges a cassé une cloison à coups de ....
- Le garagiste resserre les boulons de la roue avec une ....
- Victoria arrache les vieux clous du fauteuil avec des ....
- L'ouvrier creuse une tranchée avec une ....

Comment as-tu réussi ?

Objectif 2 : J'apprends à catégoriser.

★ **Complète les lignes en donnant à chaque ouvrier ses outils :**
une truelle - un pinceau - un rabot - un rouleau - un tamis - une scie.

- le maçon : .... - ....
- le peintre : .... - ....
- le menuisier : .... - ....

Comment as-tu réussi ?

★★ **Classe les noms dans les catégories :** des tenailles - le bois - un tournevis - une pierre - le verre - une pince - une brique - une lime.

Les outils	Les matériaux
....	....
....	....
....	....
....	....

Comment as-tu réussi ?

★★★ **Complète les séries en utilisant les noms de la liste.**
Puis indique le nom de chaque catégorie. (Au besoin, utilise l'imagier.)

une masse - un maçon - un plombier - un clou - une pointe - un électricien - un boulon - une pioche - un grattoir

Catégories : les outils - les métiers - le matériel

Catégorie :	une vis - .... - .... - ....
Catégorie :	un chauffagiste - .... - .... - ....
Catégorie :	un marteau - .... - .... - ....

Comment as-tu réussi ?

Objectif 3 : J'apprends à construire des mots.

☆ **Les familles de mots. Barre l'intrus dans chaque ligne. Entoure le radical des mots de la même famille.**

- visseuse : visser - dévisser - vis - tournevis - ~~visite~~
- mur : muraille - emmurer - muret - murmure - murer
- marteau : manteau - marteler - martèlement - martelage
- scie : scier - sciure - science - sciage - scierie
- verre : verrier - verrière - verrerie - vert - verrine

Comment as-tu réussi ?

☆☆ **Construis des mots en utilisant les suffixes proposés.**

une masse → une massette **(le suffixe -ette signifie « petite »)**	**nom → verbe** **une visseuse → visser**
une pince →	une perceuse → ....
une hache →	une ponceuse → ....
une caisse →	une relieuse → ....
une cuve →	une perforeuse → ....
une planche →	une agrafeuse → ....

Comment as-tu réussi ?

☆☆☆ **Écris les mots de la liste en les classant par famille :**

bricolage - outillage - peindre - tournevis - bricoler - tourner - bricoleur - outil - peintre - peinture - outillé - entourer.

Exemple : outil - outillage - outillé

1 ....

2 ....

3 ....

Comment as-tu réussi ?

Objectif 4 : Je comprends le sens des mots.

★ Donne à chaque définition le numéro de la phrase qui lui correspond.

Un outil qui sert à creuser.	n°......
Un outil qui sert à serrer ou à desserrer des écrous.	n°......
Un tas de cartes à jouer.	n°......
Un objet qui sert à ouvrir et à fermer une serrure.	n°......

1. Un passe-partout est une **clé** qui ouvre toutes les serrures.
2. Tu dois prendre une carte dans la **pioche**.
3. Le mécanicien desserre les écrous avec une **clé**.
4. Pour faire une tranchée, Marc a utilisé une **pioche**.

Comment as-tu réussi ?

★★ Complète les phrases en utilisant : pince, masse ou pointe.

- L'électricien saisit et serre les fils avec une ....
- Pour ne pas faire de bruit, marche sur la .... des pieds.
- Le kinésithérapeute .... les boxeurs avant le match.
- Antoine a cassé la .... du crabe avec un marteau.
- Le fermier enfonce les piquets dans la terre avec une ....
- Leïla a crevé le pneu avant de son vélo en roulant sur une ....

Comment as-tu réussi ?

★★★ Complète les phrases en utilisant un des mots proposés.

si - scie

- Mon grand-père .... du bois pour faire du feu dans la cheminée.
- Demain, nous sortirons .... le temps est beau.

mur - mure

- La .... est le fruit de la ronce.
- Les maçons viennent de terminer le ....

seau - sot - saut

- Quand elle découvrit la bêtise de Jack, sa mère lui dit qu'il était un ....
- Le peintre nettoie ses pinceaux dans un .... rempli d'eau.
- Ses sports favoris sont la course et le .... à la perche.

Comment as-tu réussi ?

Objectif 5 : Je comprends les synonymes et les contraires.

☆ **Entoure le synonyme du verbe en bleu dans chaque colonne.**

enfoncer	visser	construire	coller	scier
casser	peindre	démolir	décoller	pointer
planter	raboter	scier	fixer	couper
mesurer	serrer	casser	tracer	planter
poncer	tamiser	bâtir	fabriquer	gratter

Comment as-tu réussi ?

☆☆ **Écris l'adjectif contraire de chaque adjectif en gras :**
rugueux - inefficace - horizontale - maladroit - mate.

- un bricoleur **adroit** → un bricoleur ....
- une ligne **verticale** → une ligne ....
- une peinture **brillante** → une peinture ....
- un béton **lisse** → un béton ....
- un détachant **efficace** → un détachant ....

Comment as-tu réussi ?

☆☆☆ **Complète les phrases en utilisant les verbes contraires des verbes en gras :** démolir - desserrer - augmenter - emprunter - dévisser.

- Peux-tu **serrer** l'étau ? → Peux-tu .... l'étau ?
- Pour **diminuer** la surface de la cuisine, il va **construire** un mur en briques.

→ Pour .... la surface de la cuisine, il va .... un mur en briques.

- Elle a mis peu de temps pour **visser** les différentes parties du bureau.

→ Elle a mis peu de temps pour .... les différentes parties du bureau.

- Je vais lui **rendre** son cutteur.

→ Je vais lui .... son cutteur.

Comment as-tu réussi ?

Objectif 6 : J'apprends à ranger dans l'ordre alphabétique.

a	b	c	d	e	f	g	h	i	j	k	l	m	n	o	p	q	r	s	t	u	v	w	x	y	z

☆ Écris ces groupes de lettres dans l'ordre alphabétique.

gi - ge - gu - ga

....

vo - ve - vu - vi

....

pi - pa - po - pe

....

da - do - dy - di

....

pli - plu - ple - pla

....

loi - lob - lom - loc

....

mar - mam - mal - man

....

tui - tur - tul - tub

....

Comment as-tu réussi ?

☆☆ Écris ces noms dans l'ordre alphabétique.

ponceuse - clé - truelle - tenailles - scie

....

....

....

étau - rabot - équerre - chalumeau - clou

....

....

....

Comment as-tu réussi ?

☆☆☆ Écris les mots de chaque ligne dans l'ordre alphabétique.

- marteau - masse - machine : ....
- pistolet - pince - pincette : ....
- tamis - table - tapissier : ....
- plomb - plâtre - plombier : ....
- brosse - bricoleur - bruler : ....

Comment as-tu réussi ?

Objectif 7 : Je mémorise les mots appris.

☆ Donne à chaque définition le numéro du nom qui lui correspond.

Un outil composé d'un cadre sur lequel est tendu un grillage fin.	n°......
Un outil en métal utilisé pour limer.	n°......
Un outil utilisé pour visser ou dévisser.	n°......
Un outil utilisé pour serrer ou desserrer des boulons ou des écrous.	n°......
Un outil utilisé pour arracher des pointes ou des clous.	n°......

1. un tournevis
2. une clé
3. un tamis
4. des tenailles
5. une lime

Comment as-tu réussi ?

☆☆ Trouve les noms cachés dans la grille. Écris-les.

H	É	T	A	U	S	C	I	E
I	P	I	S	T	O	L	E	T
P	I	O	C	H	E	T	E	L
S	G	É	Q	U	E	R	R	E

- Un instrument de géométrie et de menuiserie : ....
- Un instrument pour peindre ou une arme à feu : ....
- Un outil servant à creuser ou un tas de cartes à jouer : ....
- Un outil servant à maintenir un objet : ....

Comment as-tu réussi ?

☆☆☆ Complète les phrases avec les mots de la liste :

rabote - truelle - masse - grattoir - cutteur.

- Le maçon étale le ciment sur les briques avec sa ....
- Le menuisier .... le bas de la porte pour pouvoir la fermer.
- Le peintre enlève la peinture des volets avec un ....
- Pour faire une étoile, Solange découpe du carton avec un ....
- Ariane démolit les cloisons avec une ....

Comment as-tu réussi ?

6. Les vêtements

Imagier

un corsage ou un chemisier

un gilet ou un cardigan

une ou un parka

un pardessus

un tailleur

un polo

un blazer ou un veston

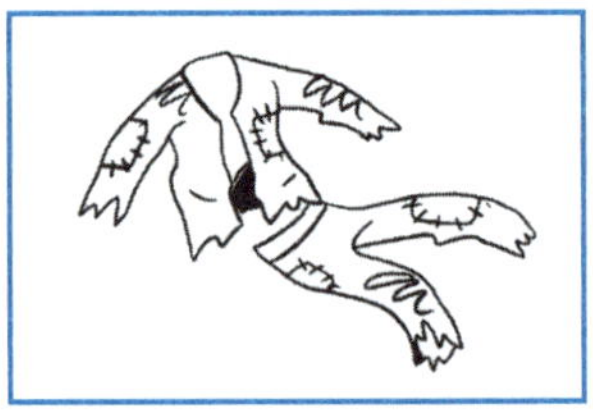
des haillons ou des guenilles

un mocassin

un escarpin

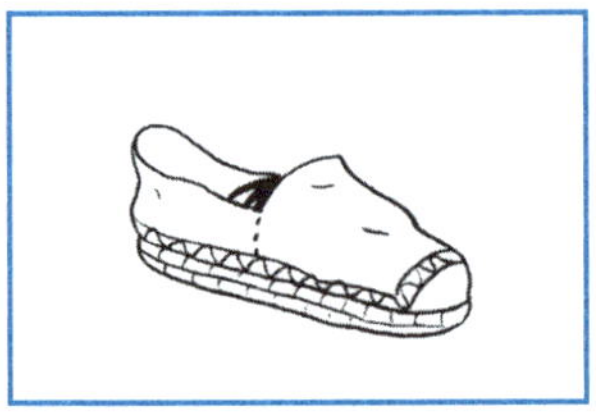
une espadrille

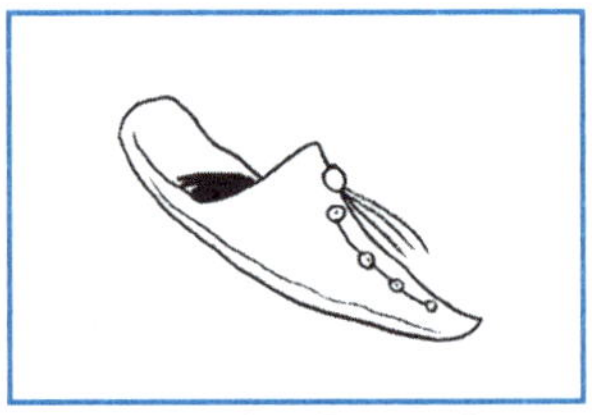
une babouche

un béret

un képi

une toque

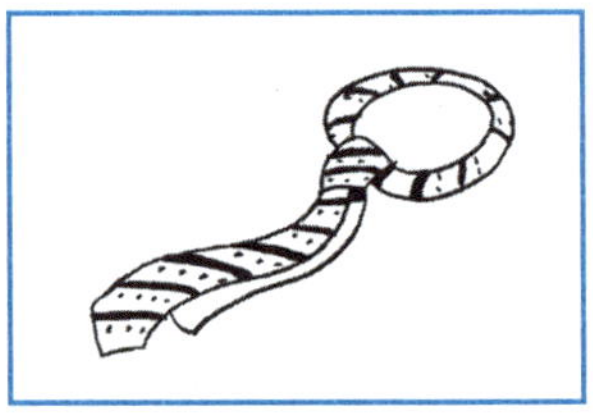
une cravate

du velcro

froncée

la dentelle

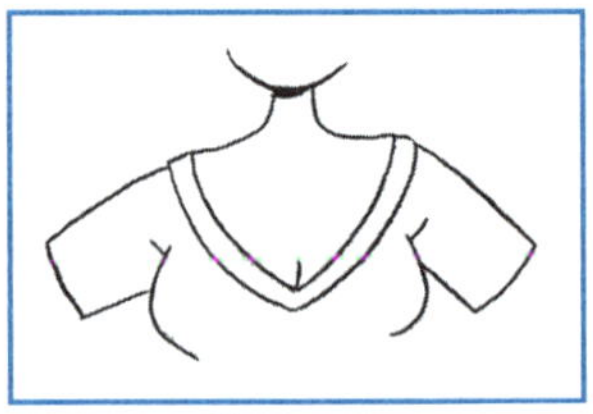
échancré

un uniforme

une toge

une crinoline

un haut-de-forme

Objectif 1 : J'apprends des mots.

☆ **Donne à chaque définition le numéro du nom qui lui correspond. Aide-toi de l'imagier.**

Un manteau chaud et imperméable muni d'une capuche.	n°......	1. une moufle
Une coiffure ronde, plate et souple.	n°......	2. un tailleur
Un gant dans lequel le pouce est séparé des autres doigts.	n°......	3. un béret
Une tenue féminine composée d'une jupe et d'une veste faites dans le même tissu.	n°......	4. un imperméable
Un vêtement qui protège de la pluie.	n°......	5. une parka

Comment as-tu réussi ?

☆☆ **Écris le nom qui correspond à chaque définition :** laine - képi - velcro - cuir - soie.

- Les gendarmes en portent un. → le ☐☐☐☐
- Elle provient des poils des moutons. On peut la tricoter. → la ☐☐☐☐☐
- Tissu fin et doux produit par une chenille. → la ☐☐☐☐
- Système de fermeture composé de deux rubans que l'on pose l'un sur l'autre. → le ☐☐☐☐☐☐
- Peau d'animal. On l'utilise pour faire des chaussures, des sacs, des vêtements. → le ☐☐☐☐

Comment as-tu réussi ?

☆☆☆ **Complète les phrases avec les mots de la liste :** toilette - haillons - anorak - pantoufle - fraise - froncée.

- Pour aller aux sports d'hiver, Charles achète un ....
- Jeanne porte une jupe .... à la taille et un T-shirt.
- D'un coup de baguette magique, la fée changea les .... de Cendrillon en une magnifique .... de bal.
- Une .... est un fruit mais aussi une épaisse collerette que les hommes portaient autour du cou au XVIe et au début du XVIIe siècle.
- Cendrillon avait perdu une .... en s'enfuyant du bal.

Comment as-tu réussi ?

Objectif 2 : J'apprends à catégoriser.

★ **Attribue à chaque nom le numéro de la catégorie à laquelle il appartient. Utilise l'imagier.**

1. Chaussures	2. Chapeaux

- un mocassin n°......
- une casquette n°......
- un béret n°......
- une espadrille n°......
- un bonnet n°......
- une toque n°......
- un escarpin n°......
- un képi n°......
- une babouche n°......
- une pantoufle n°......

Comment as-tu réussi ?

★★ **Classe les noms dans les catégories qui leur correspondent :**
un caleçon - un polo - un bermuda - un corsage - une veste - un blazer - une jupe - un short - un collant - un jean - un cardigan - un gilet.

Se porte sur le haut du corps	Se porte sur le bas du corps
....	....
....	....
....	....
....	....

Comment as-tu réussi ?

★★★ **Complète les séries avec des noms de la liste :**
une bottine - un corsage - un pardessus - un béret - une basket - un lacet - du velcro - une parka - une chemise - une toque.

- une sandale - un mocassin - .... - ....
- un chemisier - un polo - .... - ....
- un manteau - un imperméable - .... - ....
- un haut-de-forme - une casquette - .... - ....
- une fermeture éclair - un bouton - .... - ....

Comment as-tu réussi ?

Objectif 3 : J'apprends à construire des mots.

☆ Les familles de mots. Barre l'intrus dans chaque ligne. Entoure le radical des mots de la même famille.

- botte : bottine - bottier - ~~botanique~~ - botté
- col : encolure - décolleté - cocon - collerette - collet
- chaussure : chausson - déchausser - chausseur - chasseur - chaussette
- vêtement : vêtir - survêtement - revêtir - vêtu - velu
- bouton : boutonnage - boutonner - boulon - déboutonner - boutonnière

Comment as-tu réussi ?

☆☆ Construis des mots en utilisant les préfixes proposés.

Trouve le verbe contraire en utilisant le préfixe dé-.	Trouve l'adjectif contraire en supprimant le préfixe in- ou im-.
lacer → délacer	inélégant → élégant
vêtir →	imperméable → ....
boutonner →	inconfortable → ....
nouer →	immettable → ....
chausser →	indéformable → ....
coudre →	invisible → ....
se couvrir →	indémodable → ....

Comment as-tu réussi ?

☆☆☆ Construis des noms composés en utilisant les mots de la liste :

mini - sweat - haut - vêtement - vent - shirt - ski - serre.

un T-........................	un ....-de-forme
un après-........................	un ....-tête
un coupe-........................	un ....-shirt
un sous-........................	une ....jupe

Comment as-tu réussi ?

Objectif 4 : Je comprends le sens des mots.

★ **Donne à chaque définition le numéro de la phrase qui lui correspond.**

Des danseuses.	n°......
Un sport équestre.	n°......
Des chaussures.	n°......
Un vêtement à manches courtes à col fermé par quelques boutons.	n°......

1. Zoé porte de jolies **ballerines** bleues.
2. Tu as fait une tache sur ton **polo**.
3. Les **ballerines** saluent le public.
4. Les cavaliers attendent le signal pour débuter le match de **polo**.

Comment as-tu réussi ?

★★ **Complète les phrases en utilisant un des mots proposés.**

très - trait
- Tracez un .... bleu sous la date.
- Cette étoffe est .... belle.

lacer - lacet
- Pierre apprend à Gabriel à .... ses chaussures.
- Le .... de ton soulier est défait.

cape - cap
- Zorro porte une grande .... noire.
- Autrefois, les marins avaient peur de passer le .... Horn.

Comment as-tu réussi ?

★★★ **Complète les phrases en utilisant :** manche - bottes - tailleur - toilettes.

- Julien a rendez-vous chez le .... pour essayer son costume de marié.
- Emma porte toujours des .... très élégantes.
- Le médecin lui a demandé de retrousser la .... de sa chemise.
- Au marché, Martin a acheté deux .... de poireaux.
- Mon grand-père a cassé le .... de son marteau.
- Henri a envie d'aller aux ....
- Antonin aide Jules à retirer ses .... de cheval.
- Pour aller travailler, Judith porte un .... et des escarpins.

Comment as-tu réussi ?

Objectif 5 : Je comprends les synonymes.

☆ Entoure le synonyme du nom en bleu dans chaque colonne.

un tissu	un manteau	des haillons	un corsage	une parka
une chemise	un pardessus	des robes	une robe	une capuche
un pantalon	un pyjama	des guenilles	un bermuda	une botte
une étoffe	un peignoir	des chapeaux	un gilet	un anorak
une robe	un chemisier	des jupes	un chemisier	une toque

Comment as-tu réussi ?

☆☆ Associe les adjectifs synonymes en utilisant :
froissé - reprisé - ample - percé - élégant - noué - foncé - cher.

lacé → noué

large → ....

sombre → ....

chiffonné → ....

raccommodé → ....

couteux → ....

troué → ....

chic → ....

Comment as-tu réussi ?

☆☆☆ Recopie les phrases en remplaçant chaque mot en gras par son synonyme : décolleté - blazer - habillée - reprisées - cardigan - chandail

- Elle tricote un **gilet** en laine pour sa petite-fille.

....

- Rose était **vêtue** d'une jupe froncée à la taille et d'un **pullover échancré**.

....

....

- Sous son **veston**, il portait une chemise blanche et un gilet brodé.

....

- Comme mes chaussettes étaient trouées, Mamie les a **raccommodées**.

....

Comment as-tu réussi ?

Objectif 6 : Je comprends les contraires.

★ **Relie chaque adjectif à son contraire.**

courte •	• repassé
joli •	• négligé
souple •	• raide
froissé •	• longue
élégant •	• laid

Comment as-tu réussi ?

★★ **Écris les verbes contraires des verbes en gras :** rallongera - se démaquille - récupéré - dégrafer - enlève.

- La couturière **raccourcira** ce pantalon. ....
- Sidonie n'arrive pas à **agrafer** sa jupe. ....
- L'avocat a **déposé** sa toge chez le teinturier. ....
- Le mannequin **enfile** sa robe puis **se maquille**.

....

Comment as-tu réussi ?

★★★ **Récris chaque phrase en remplaçant le verbe en gras par un contraire :** rétrécira - boutonner - serrées - ôta - se déshabiller.

- Maud sait **déboutonner** sa salopette.

....

- Pauline aide sa petite sœur à **s'habiller**.

....

- Le retoucheur **élargira** la ceinture de cette jupe droite.

....

- Les bretelles de ce débardeur sont trop **lâches**.

....

- Henri **endossa** son imperméable.

....

Comment as-tu réussi ?

Objectif 7 : Je mémorise les mots appris.

★ **Donne à chaque définition le numéro du nom qui lui correspond.**

Un jupon composé de baleines et de cerceaux, qui servait à faire gonfler une jupe.	n°......	1. une toge
Un chapeau assez haut et sans bords.	n°......	2. une dentelle
Une chaussure de toile dont la semelle est en corde.	n°......	3. une espadrille
Un tissu très léger où les fils se croisent pour former des dessins.	n°......	4. une crinoline
Une robe longue que les avocats et les magistrats portent au tribunal.	n°......	5. une toque

Comment as-tu réussi ?

★★ **Complète les phrases avec les noms de la liste :** des mocassins - un imperméable - des escarpins - des bottes - un blazer - un tailleur.

- Quand il pleut, je mets .... et ....
- Quand Benoit va travailler, il doit porter ....
et ....
- Quand elle va travailler, Kenza aime porter ....
et ....

Comment as-tu réussi ?

★★★ **Complète les phrases avec les noms de la liste :** laine - uniforme - haillons - babouches - haut-de-forme - gilet - cuir - soie.

- Le mendiant était vêtu de ....
- Les gendarmes et les pompiers portent un ....
- Sous son ...., Alice portait un joli corsage blanc.
- Le magicien fait sortir un lapin de son ....
- Au Maroc, j'ai acheté une paire de .... en ....
- Comme le cuir, la .... et la .... sont des fibres textiles d'origine animale.

Comment as-tu réussi ?

7. Le temps qu'il fait

Imagier

un éclair

un flocon

la grêle

un arc-en-ciel

le verglas

le brouillard

une avalanche

une tornade

la houle

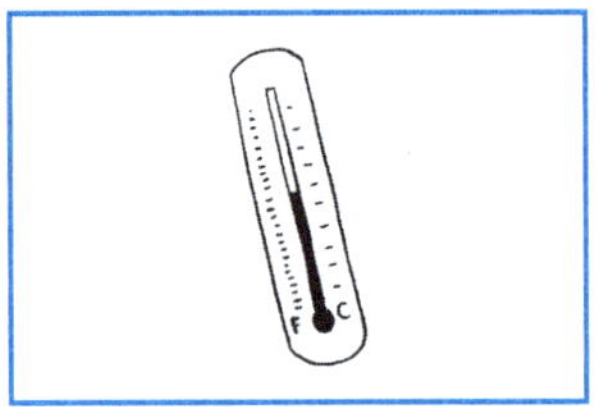
un thermomètre

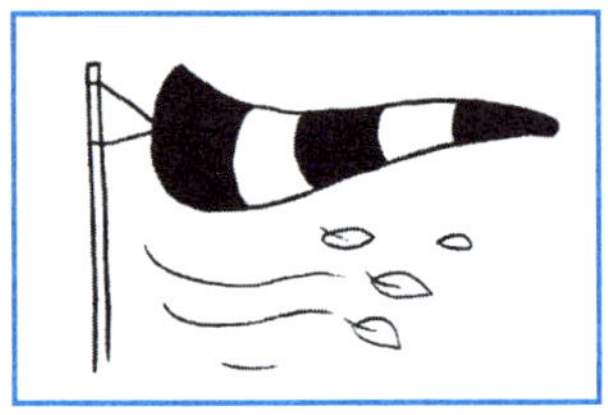
une manche à air

une girouette

Lexique

- **la météorologie :** la science qui étudie le temps qu'il fait.
- **les intempéries :** le mauvais temps : vent, pluie, froid, neige…
- **une averse :** une pluie qui ne dure pas. *Synonyme :* **une ondée.**
- **le climat :** le temps qu'il fait dans un pays, dans une région.
- **la foudre :** la décharge électrique qui a lieu pendant un orage, accompagnée d'un éclair et de tonnerre.
- **le tonnerre :** le bruit très fort qui accompagne l'éclair pendant un orage.
- **un cyclone :** une très grosse tempête. *Synonyme :* **un ouragan.**
- **la canicule :** une période durant laquelle il fait très chaud.
- **un tsunami** ou **un raz-de-marée :** une vague très haute et violente due à un tremblement de terre ou à l'éruption d'un volcan et qui pénètre dans les terres.
- **un satellite :** un engin lancé par une fusée qui tourne autour de la Terre et qui sert entre autres à observer les phénomènes météorologiques.
- **une rafale :** un coup de vent bref et brutal. *Synonyme :* **une bourrasque.**
- **une perturbation :** un changement de temps accompagné de vent et de pluie.

Objectif 1 : J'apprends des mots.

☆ **Donne à chaque définition le numéro du mot ou groupe de mots qui lui correspond. Aide-toi de l'imagier.**

Un dispositif installé sur un toit ou au sommet d'un clocher qui tourne sur lui-même pour indiquer la direction du vent.	n°......	1. une manche à air
Un cône en tissu rayé rouge et blanc fixé à un mât qui indique la direction du vent et en estime la force.	n°......	2. une avalanche
Un tourbillon de vent qui détruit tout sur son passage.	n°......	3. une girouette
Une grande quantité de neige qui se détache de la montagne.	n°......	4. une tornade

Comment as-tu réussi ?

☆☆ **Écris le nom qui correspond à chaque définition (une lettre par case) :** thermomètre - flocons - verglas - grêle.

- Une mince couche de glace sur le sol. → le ☐☐☐☐☐☐☐
- De l'eau gelée qui tombe du ciel quand il fait froid. → la ☐☐☐☐☐
- Un instrument qui sert à mesurer la température. → un ☐☐☐☐☐☐☐☐☐☐☐
- Ils tombent du ciel quand il neige. → les ☐☐☐☐☐☐☐

Comment as-tu réussi ?

☆☆☆ **Complète chaque phrase avec un nom de la liste :** tsunami - météorologie - tonnerre - canicule - brouillard - intempéries.

- L'orage approche, on entend le .... qui gronde.
- Un épais .... empêchait de voir le paysage.
- Valentin consulte la .... pour voir si le temps permet de voler.
- À l'annonce de fortes ...., les agriculteurs se hâtent de rentrer le foin.
- À la suite d'un tremblement de terre, un .... a atteint la côte.
- Il est recommandé de boire beaucoup d'eau et de rester à l'ombre en période de ....

Comment as-tu réussi ?

Objectif 2 : J'apprends à catégoriser.

★ Attribue à chaque groupe nominal le numéro de la catégorie à laquelle il appartient.

1. Le temps qu'il fait	2. Le temps qui passe

un thermomètre	n°......	une girouette	n°......
une pendule	n°......	un chronomètre	n°......
une averse	n°......	la météorologie	n°......
une manche à air	n°......	un calendrier	n°......
un minuteur	n°......	le verglas	n°......

Comment as-tu réussi ?

★★ Complète les séries en utilisant les noms de la liste :
un raz-de-marée - la chaleur - le tonnerre - une ondée - un tsunami - la foudre - le soleil - une averse.

- une canicule - .... - ....
- un orage - .... - ....
- une pluie - .... - ....
- une grosse vague - .... - ....

Comment as-tu réussi ?

★★★ Classe les noms suivants dans les catégories qui leur correspondent : une rafale - la grêle - une bourrasque - le verglas - une tornade - une avalanche - un flocon - un cyclone - une gelée - un ouragan.

Froid	Vent
....	....
....	....
....	....
....	....
....	....

Comment as-tu réussi ?

Objectif 3 : J'apprends à construire des mots.

★ **Les familles de mots. Barre l'intrus dans chaque ligne. Entoure le radical des mots de la même famille.**

- vent : ventilateur - éventail - paravent - ~~ventre~~ - venteux
- foudre : foudroyer - foudroyant - foule - foudroyé
- climat : climatique - clinique - climatisation - climatisé
- perturbation : perturber - perturbateur - pertinent - imperturbable
- neige : enneigement - déneiger - négliger - neigeux - enneigé
- goutte : gouttière - égoutter - gouter - égouttoir

Comment as-tu réussi ?

★★ **Trouve des mots en utilisant des suffixes.**

De l'adjectif au nom	Du nom à l'adjectif
houl**eux** → la houle	un cyclone → cyclon**ique**
nuageux →	l'atmosphère → ....
neigeux →	le climat → ....
floconneux →	la météorologie → ....
venteux →	une période → ....

Comment as-tu réussi ?

★★★ **Complète le tableau.**

Discipline	Métier	Adjectif
la météoro**logie**	un météoro**logue**	météoro**logique**
la climatologie	....	....
la géologie	....	....
l'archéologie	....	....
la volcanologie	....	....

Comment as-tu réussi ?

Objectif 4 : Je comprends les synonymes et les contraires.

☆ **Entoure le synonyme du nom en bleu dans chaque colonne.**

une averse	la canicule	une bourrasque	l'atmosphère	une tempête
un éclair	la foudre	une rafale	le tonnerre	un nuage
un flocon	l'humidité	une éclaircie	le feu	une neige
une ondée	la neige	une avalanche	l'air	un matin
une gelée	le verglas	une vague	la terre	un ouragan
une tornade	la chaleur	un nuage	l'eau	une éclaircie

Comment as-tu réussi ?

☆☆ **Écris l'adjectif contraire de chaque adjectif en gras :**
rigoureux - dégagé - violent - basse - battante.

une température **élevée** → une température ....

un vent **faible** → un vent ....

une pluie **fine** → une pluie ....

un ciel **couvert** → un ciel ....

un hiver **doux** → un hiver ....

Comment as-tu réussi ?

☆☆☆ **Complète chaque phrase en remplaçant le mot en gras par un synonyme :** véhicules - fabriquer - énormes - air - se renforcera - produit.

- Le vent **forcira** au cours de la journée.

  Le vent .... au cours de la journée.
- La tempête a provoqué d'**importants** dégâts dans le village.

  La tempête a provoqué d'.................................. dégâts dans le village.
- Les éoliennes sont des machines qui utilisent l'énergie du vent pour **produire** de l'électricité.

  Les éoliennes sont des machines qui utilisent l'énergie du vent pour .... de l'électricité.
- C'est le vent qui **crée** la houle.

  → C'est le vent qui .... la houle.
- Les gaz d'échappement des **voitures** polluent **l'atmosphère**.

  → Les gaz d'échappement des .... polluent l' ....

Comment as-tu réussi ?

Objectif 5 : Je comprends les expressions.

★ **Donne à chaque expression le numéro de la définition qui lui correspond.**

Un froid de canard.	n°......
Fondre comme neige au soleil.	n°......
Il pleut des cordes.	n°......
Un soleil de plomb.	n°......
Un brouillard à couper au couteau.	n°......

1. Pleuvoir très fort.
2. Un grand froid.
3. Un brouillard très épais.
4. Un soleil très chaud.
5. Disparaitre très rapidement.

Comment as-tu réussi ?

★★ **Complète les phrases avec les mots de la liste :**
fâché - disputer - distrait - peu à peu - sans intérêt.

- « Être en froid » avec quelqu'un signifie être .... avec quelqu'un.
- « Avoir la tête dans les nuages », c'est être ....
- « Parler de la pluie et du beau temps », c'est parler de choses ....
- « Goutte à goutte » signifie ....
- « Il y a de l'orage dans l'air » signifie que les gens risquent de se .... sous peu.

Comment as-tu réussi ?

★★★ **Complète les expressions avec les noms de la liste :**
glace - goutte - éclair - pluie - cochon - foudre.

- Tomber brusquement très amoureux : avoir un coup de ....
- Jusqu'à la fin : jusqu'à la dernière ....
- Décider de tout, être très puissant : faire la .... et le beau temps.
- Être insensible, indifférent : être de ....
- Un mauvais temps : un temps de ....
- Être très rapide : être rapide comme l'.................................. .

Comment as-tu réussi ?

Objectif 6 : J'apprends à ranger dans l'ordre alphabétique.

a	b	c	d	e	f	g	h	i	j	k	l	m	n	o	p	q	r	s	t	u	v	w	x	y	z

★ **Écris ces groupes de lettres dans l'ordre alphabétique.**

glu - glo - gle - gla

....

avo - ave - avi - avu

....

bru - bro - bri - bra

....

mur - mug - mul - mut

....

trag - traf - tran - trau

....

plut - pluc - plun - plur

....

croi - crom - crot - crop

....

driq - dril - drin - dris

....

Comment as-tu réussi ?

★★ **Écris ces noms dans l'ordre alphabétique.**

girouette - glace - gelée	....
tsunami - thermomètre - tempête	....
climat - cyclone - canicule	....
flocon - frimas - foudre	....

Comment as-tu réussi ?

★★★ **Écris les mots de chaque ligne dans l'ordre alphabétique.**

- bruine - brouillard - brumeux - brume

....

- nuageux - nuage - nuance - nuageuse

....

- ventilateur - ventiler - vent - venteux

....

- éclairage - éclaircie - éclair - éclairer

....

Comment as-tu réussi ?

Objectif 7 : Je mémorise les mots appris.

☆ **Donne à chaque définition le numéro du nom qui lui correspond.**

Un ensemble de fines gouttelettes d'eau au-dessus du sol, qui empêche de bien voir.	n°......
Un mouvement de la mer.	n°......
Le degré de chaleur ou de froid.	n°......
Un coup de vent très fort et de courte durée.	n°......
Un vent très fort accompagné de pluie.	n°......

1. une bourrasque
2. la houle
3. une tempête
4. le brouillard
5. la température

Comment as-tu réussi ?

☆☆ **Trouve le synonyme de chaque mot ou groupe de mots dans la grille. Écris-le.**

M	É	T	É	O	N	E	I	P	E
I	N	T	E	M	P	É	R	I	E
N	U	A	V	E	R	S	E	L	A
B	O	U	R	R	A	S	Q	U	E
O	U	R	A	G	A	N	E	A	U
U	N	T	S	U	N	A	M	I	R

- ondée : ....
- cyclone : ....
- mauvais temps : ....
- rafale : ....
- raz-de-marée : ....

Comment as-tu réussi ?

☆☆☆ **Complète les phrases avec les mots de la liste :** avalanche - averse - verglas - manche à air - girouette - climat - perturbation.

- Plusieurs voitures ont dérapé sur le ....
- Le pilote observe la .... pour connaitre la direction du vent.
- La .... sur le clocher de l'église indiquait que le vent soufflait à l'est.
- Une .... de grêle s'est abattue sur le village.
- Il est impossible de skier aujourd'hui car il y a un risque d'.............................. .
- Le départ de la course à la voile a été retardé en raison d'une grosse ....
- Une saison sèche et une saison humide caractérisent le .... tropical.

Comment as-tu réussi ?

8. Le temps qui passe

Imagier

un chronomètre

un sablier

un minuteur

un cadran solaire

une éphéméride

un agenda

un métronome

une pendule

Lexique

- **un siècle :** une période ou une durée de cent ans.
- **le crépuscule :** le moment de la journée après le coucher du soleil quand il ne fait pas encore nuit.
- **l'aube :** le moment où il commence à faire clair juste avant le lever du soleil. *Synonyme :* **l'aurore.**
- **la chronologie :** l'ordre dans lequel des événements se sont déroulés dans le temps.
- **succéder :** venir après. *Contraire :* **précéder :** venir avant.
- **simultané :** qui se produit en même temps.
- **temporaire :** qui ne dure qu'un moment déterminé. *Synonymes :* **passager**, **provisoire.**
- **nocturne :** qui a lieu pendant la nuit.
- **éphémère :** très court, qui ne dure que très peu de temps. *Synonymes :* **fugitif**, **passager**, **bref**.
- **hebdomadaire :** qui a lieu chaque semaine / **un hebdomadaire :** un journal qui parait chaque semaine.
- **un trimestre :** une durée de trois mois.
- **un semestre :** une durée de six mois.
- **une période :** un espace de temps, une durée.
- **un ou une ancêtre :** un homme ou une femme de notre famille qui a vécu avant nos grands-parents. *Synonymes :* **un aïeul** ou **une aïeule**.
- **quotidien :** qui a lieu tous les jours. *Synonyme :* **journalier.** **un quotidien :** un journal qui parait tous les jours.

Objectif 1 : J'apprends des mots.

★ Donne à chaque définition le numéro du mot qui lui correspond.
Aide-toi de l'imagier et du lexique.

Qui arrive tous les trois mois.	n° 3	1. un agenda
Un carnet servant à noter jour par jour ce qu'on a à faire.	n° 1	2. un métronome
Un instrument servant à marquer la mesure d'un morceau de musique.	n° 2	3. trimestriel
Un instrument dans lequel la mesure du temps se fait par du sable qui s'écoule.	n° 4	4. un sablier
Un instrument très précis de mesure du temps.	n° 5	5. un chronomètre

Comment as-tu réussi ?

★★ Classe les noms dans l'ordre croissant (du temps le plus court au temps le plus long).

- an - siècle - semestre semestre an siècle
- heure - seconde - minute seconde minute heure
- semaine - jour - mois jour semaine mois
- millénaire - cinquantenaire - centenaire

millénaire centenaire cinquantenaire

Comment as-tu réussi ?

★★★ Complète les phrases avec les mots de la liste : nocturne - chronologique - cadran solaire - emploi du temps - précédé - ancêtres.

- La maitresse a écrit au tableau l'emploi du temps de la journée.
- L'ombre de la tige, sur le cadran solaire, indique trois heures.
- Des fumées s'échappaient du cratère, les jours qui ont précédé l'éruption du volcan.
- La chouette est un oiseau no...................
- Dans la classe, une frise .... indique les principaux évènements de l'histoire de France.
- Pour faire l'arbre généalogique de notre famille, mon père a recherché les noms de nos ancêtres.

Comment as-tu réussi ?

Objectif 2 : J'apprends à catégoriser.

☆ **Relie chaque nom à la catégorie qui lui correspond.**
Utilise l'imagier et le lexique.

une période •		• un chronomètre
une montre •		• un siècle
une pendule •	• **durées** •	• un trimestre
un mois •	• **appareils pour mesurer le temps** •	• un minuteur
une seconde •		• une horloge
un sablier •		• un semestre

Comment as-tu réussi ?

☆☆ **Complète les séries en utilisant les mots de la liste :**

le printemps - semestriel - une éphéméride - l'automne - l'aurore - le crépuscule - mensuel - un calendrier.

- l'hiver - .... - ....
- l'après-midi - .... - ....
- trimestriel - .... - ....
- un agenda - .... - ....

Comment as-tu réussi ?

☆☆☆ **Classe les mots dans les catégories qui conviennent :**

jadis - demain - maintenant - autrefois - hier - actuellement - bientôt - naguère - d'ici peu - prochainement - en ce moment - aujourd'hui.

Passé	Présent	Futur
....	....	....
....	....	....
....	....	....
....	....	....

Comment as-tu réussi ?

Objectif 3 : J'apprends à construire des mots.

☆ **Les familles de mots. Barre l'intrus dans chaque ligne. Entoure le radical des mots de la même famille.**

- jour : journal - séjourner - journalier - ~~joufflu~~
- temps : tente - temporaire - longtemps - temporel
- an : annuaire - annuel - anniversaire - angine
- chronologie : chronologique - chromosome - chronomètre
- minute : minuteur - minuter - minuterie - munition

Comment as-tu réussi ?

☆☆ **Trouve des mots en utilisant un suffixe ou un préfixe.**

Suffixe -ment avec un adjectif féminin	
longue →	longue**ment**
quotidienne →	....
ancienne →	....
dernière →	....
prochaine →	....
temporaire →	....

Préfixe pré- qui signifie « avant, d'avance »	
histoire →	**pré**histoire
dire →	....
destiné →	....
exister →	....
disposé →	....
position →	....

Comment as-tu réussi ?

☆☆☆ **Écris les mots de la liste en les classant par famille :** cent - jeunesse - durable - actuel - actualité - jeune - centième - durée - actuellement - durablement - centenaire - rajeunir.

- ....
- ....
- ....
- ....

Comment as-tu réussi ?

Objectif 4 : Je comprends le sens des mots.

☆ **Donne à chaque définition le numéro de la phrase qui lui correspond.**

Parties d'une rivière où il y a beaucoup de courant et des tourbillons.	n°......
Les évènements passés d'un pays, d'un peuple.	n°......
Qui se déplace très vite.	n°......
Un récit qui raconte des évènements réels ou imaginaires.	n°......

1. Perrine lit une **histoire** à ses enfants.
2. Jules est un passionné de l'**histoire** du Moyen Âge.
3. Le kayak d'Auguste a chaviré en descendant des **rapides**.
4. Elle rêve de devenir pilote de course pour conduire des voitures **rapides**.

Comment as-tu réussi ?

☆☆ **Complète chaque phrase en utilisant un des mots proposés.**

an - en

- Christophe Colomb a découvert l'Amérique .... 1492.
- Aurélien aura un .... demain.

mois - moi

- Allons chez .... jouer aux cartes.
- Clément commencera à travailler dans ce magasin au .... de juin.

temps - tend

- Marius .... la main à sa sœur pour l'aider à escalader les rochers.
- Je n'ai pas eu le .... de préparer un dessert.

Comment as-tu réussi ?

☆☆☆ **Complète les phrases en utilisant les mots de la liste :**

montre - seconde.

- La maitresse .... aux élèves l'exercice à réaliser.
- « Attends-moi. J'en ai pour une .... »
- Pour lui apprendre à lire l'heure, ses parents lui offrent une ....
- Après le diner, Benoit nous .... le film de ses vacances.
- Après le collège, les élèves entrent en classe de .... au lycée.

Comment as-tu réussi ?

Objectif 4 : Je comprends les synonymes et les contraires.

☆ **Entoure le synonyme du mot en bleu dans chaque colonne.**

une pendule	quotidien	une durée	précéder
un minuteur	hebdomadaire	une montre	devancer
une horloge	mensuel	une période	reculer
un chronomètre	semestriel	un agenda	suivre
un métronome	journalier	une éphéméride	succéder

Comment as-tu réussi ?

☆☆ **Complète avec les mots de la liste.**

Synonymes : bref - commencer - vite - suivre.

Contraires : finir - lentement - précéder - éternel.

	Synonyme	Contraire
rapidement	....	....
débuter	....	....
succéder	....	....
éphémère	....	....

Comment as-tu réussi ?

☆☆☆ **Récris chaque phrase en remplaçant le mot ou groupe de mots en gras par un synonyme :** au crépuscule - autrefois - temporairement - simultanément - l'aurore.

- Le trafic aérien est **momentanément** interrompu.

  ....

- **Jadis**, les gens se déplaçaient à cheval.

  ....

- Martin se lève à **l'aube** pour nourrir ses animaux.

  ....

- **À la nuit tombante**, le blaireau sort de son terrier.

  ....

- Les deux évènements se sont déroulés **en même temps**.

  ....

Comment as-tu réussi ?

Objectif 6 : Je comprends les expressions.

☆ Donne à chaque expression le numéro de la définition qui lui correspond.

dans le temps	n°......
en un rien de temps	n°......
de temps en temps	n°......
entre-temps	n°......
un de ces jours	n°......

1. parfois
2. prochainement
3. dans l'intervalle
4. autrefois, jadis
5. en peu de temps

Comment as-tu réussi ?

☆☆ Relie chaque expression au sens qui lui correspond.

- à l'avenir •
- en deux temps, trois mouvements •
- en un clin d'œil •
- sous peu •
- à toute allure •

• **rapidement** •

• **dans le futur** •

- • sans tarder
- • en coup de vent
- • dans peu de temps
- • tôt ou tard
- • d'un moment à l'autre

Comment as-tu réussi ?

☆☆☆ Complète les expressions avec les mots de la liste :

long - clair - bon - tuer - perdre.

- S'ennuyer, c'est trouver le temps ....
- Ne rien faire, c'est .... son temps.
- S'amuser, passer des moments agréables, c'est prendre du .... temps.
- S'occuper ou se distraire pour ne pas s'ennuyer, c'est .... le temps.
- Passer la plus grande partie de son temps à faire quelque chose, c'est passer le plus .... de son temps à faire quelque chose.

Comment as-tu réussi ?

Objectif 7 : Je mémorise les mots appris.

☆ Donne à chaque définition le numéro du mot ou groupe de mots qui lui correspond.

Le moment où le soleil va se lever.	n°......
Un instrument servant à mesurer le temps. Il sonne quand le temps programmé est écoulé.	n°......
Il indique l'heure par une tige dont l'ombre est projetée par le Soleil.	n°......
Un tableau où les jours, les semaines et les mois d'une année sont indiqués.	n°......
Un calendrier dont on enlève une feuille chaque jour.	n°......

1. un minuteur
2. un cadran solaire
3. une éphéméride
4. l'aurore
5. un calendrier

Comment as-tu réussi ?

☆☆ Complète les phrases avec les noms de la liste : sablier - métronome - semestre - chronomètre - agenda - période.

- J'ai fabriqué un .... avec deux bouteilles et du sable.
- Ma maman note ses rendez-vous dans son ....
- Pour respecter la mesure des morceaux qu'elle joue au piano, Luce utilise un ....
- Un .... est une .... de six mois.
- L'arbitre déclenche son .... au début du match.

Comment as-tu réussi ?

☆☆☆ Trouve les mots cachés dans la grille. Écris-les.

H	E	B	D	O	M	A	D	A	I	R	E
I	O	P	R	É	C	É	D	E	R	É	T
O	A	U	B	E	J	S	I	È	C	L	E
A	N	N	É	E	P	A	N	M	O	I	S
É	T	É	S	U	C	C	É	D	E	R	U
T	N	T	E	M	P	O	R	A	I	R	E
É	Q	U	O	T	I	D	I	E	N	U	N

- 364 ou 365 jours : ....
- qui ne dure pas : ....
- suivre : ....
- journalier : ....
- cent ans : ....
- début du jour : ....
- il y en a 12 dans une année : ....
- être avant : ....

Comment as-tu réussi ?

9. La santé et l'hygiène

Imagier

des produits laitiers

des féculents (origine végétale)

des matières grasses

des sucreries

des boissons non sucrées

des fruits et des légumes riches en vitamines

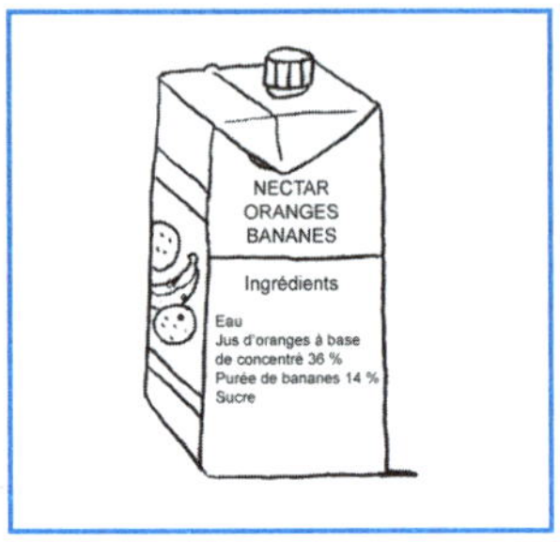

la composition

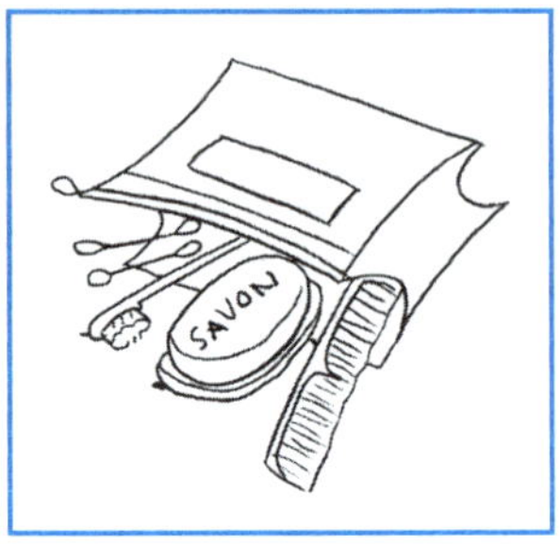

une trousse de toilette

Lexique

- **un aliment :** un produit qui sert à nourrir les êtres vivants.
- **l'alimentation :** la façon de se nourrir. *Synonyme :* **la nourriture**.
- **une vitamine :** une substance indispensable au corps.
- **un régime :** une façon de se nourrir.
- **l'hygiène :** l'ensemble des soins et des habitudes qui permettent d'être en bonne santé.
- **la santé :** le bon état du corps.
- **le tonus :** l'énergie d'une personne.
- **bénéfique :** qui fait du bien. *Synonymes :* **bon, bienfaisant**.
- **un repas équilibré :** un repas qui couvre tous les besoins du corps.
- **sain :** bon pour la santé ; qui n'est pas malade. *Synonyme :* **bien-portant**.
- **une carence :** un manque, une insuffisance.
- **récupérer :** retrouver des forces. *Synonymes :* **retrouver, reprendre**.
- **l'énergie :** la force. *Synonymes :* **le dynamisme, la vitalité**.
- **la croissance :** le fait de grandir, de croitre. *Synonyme :* **le développement**.

Objectif 1 : J'apprends des mots.

☆ Complète les phrases avec les mots de la liste : féculents - boissons - sucreries - matières grasses - produits laitiers. **Aide-toi de l'imagier.**

- Les bonbons et les sucettes sont des ....
- Les fromages et les yaourts sont des ....
- Le beurre et l'huile sont des ....
- L'eau et le thé sont des ....
- Les haricots secs et les pâtes sont des ....

Comment as-tu réussi ?

☆☆ Écris le nom qui correspond à chaque définition (une lettre par case) : composition - vitamines - croissance - hygiène - aliment.

- Il sert à nourrir. → l' ☐☐☐☐☐☐☐
- On en trouve dans les fruits et les légumes. → les ☐☐☐☐☐☐☐☐☐
- C'est l'ensemble des ingrédients d'un produit. → la ☐☐☐☐☐☐☐☐☐☐☐
- C'est le fait de grandir. → la ☐☐☐☐☐☐☐☐☐☐
- Elle est nécessaire pour être en bonne santé. → l' ☐☐☐☐☐☐☐

Comment as-tu réussi ?

☆☆☆ Complète les phrases avec les mots de la liste : récupérer - carences - toilette - santé - énergie - tonus - équilibré.

- Pour être en bonne ...., il faut manger ...., bien dormir et bouger.
- Les aliments fournissent de l'.................................. à notre corps.
- On a besoin de sommeil pour .... des forces.
- Faire quotidiennement sa .... est très important pour la santé.
- Pour éviter les .... alimentaires, il est conseillé de manger des aliments variés.
- Faire du sport permet d'avoir du .... et de se muscler.

Comment as-tu réussi ?

Objectif 2 : J'apprends à catégoriser.

★ Attribue à chaque groupe de mots le numéro de la catégorie à laquelle il appartient.

1. Hygiène : ce qui est recommandé

2. Hygiène : ce qui est déconseillé

Faire sa toilette tous les jours	n°......	Passer des heures devant la télévision	n°......
Se coucher tard	n°......	Grignoter entre les repas	n°......
Manger beaucoup de sucreries	n°......	Dormir dix à douze heures par nuit	n°......
Faire du sport régulièrement	n°......	Prendre des repas équilibrés	n°......
Ne pas se brosser les dents	n°......	Se laver régulièrement les mains	n°......

Comment as-tu réussi ?

★★ Complète en attribuant à chaque nom le nom qui lui correspond : coton-tige - un shampoing - un savon - un dentifrice - un mouchoir - une lime.

- les cheveux : ....
- les ongles : ....
- les dents : ....
- le nez : ....
- les mains : ....
- les oreilles : ....

Comment as-tu réussi ?

★★★ Classe les noms dans les catégories : un haricot - un saumon - le beurre - un ananas - la crème - un poireau - une côte de veau - un yaourt - un poulet - un kiwi - un fromage - une sardine.

Les produits laitiers	Les viandes et les poissons	Les fruits et les légumes
....	....	....
....	....	....
....	....	....
....	....	....

Comment as-tu réussi ?

Objectif 3 : J'apprends à construire des mots.

★ **Complète les familles de mots avec les mots de la liste.**
Entoure le radical dans chaque mot.

sucré - sportif - dormeur - nutritif - sportivement - s'endormir - nutriment - sucrier

- dormir - .... - ....
- nutrition - .... - ....
- sport - .... - ....
- sucrerie - .... - ....

Comment as-tu réussi ?

★★ **Trouve des mots en utilisant les suffixes.**

Du verbe au nom	Du nom au verbe
alimenter → alimentation	un lavage → laver
déguster →	un bronzage → ....
récupérer →	un coiffage → ....
transpirer →	un séchage → ....
respirer →	un brossage → ....
hydrater →	un nettoyage → ....

Comment as-tu réussi ?

★★★ **Construis des noms composés en utilisant les mots de la liste :** tige - compte - casse - cheveu - main - citron - être - personne - coupe - dent.

le bien-....................................

un essuie-....................................

un presse-....................................

un pèse-....................................

un cure-....................................

un sèche-....................................

un ....-goutte

un ....-ongle

un ....-croute

un coton-....................................

Comment as-tu réussi ?

Objectif 4 : Je comprends les synonymes et les contraires.

☆ **Entoure le synonyme du nom en bleu dans chaque colonne.**

l'alimentation	l'énergie	la fatigue	une carence	le tonus
la composition	l'hygiène	la forme	une épidémie	la fatigue
le repas	la santé	l'épuisement	un microbe	le calme
la nourriture	le dynamisme	la récupération	une sucrerie	le comportement
la cuisine	la mollesse	le sommeil	une insuffisance	l'énergie

Comment as-tu réussi ?

☆☆ **Écris l'adjectif contraire de chaque adjectif en gras :** fragile - irrégulier - malsaine - déséquilibrée - inefficace - léger.

- une prévention **efficace** → une prévention ....
- une alimentation **équilibrée** → une alimentation ....
- un sommeil **profond** → un sommeil ....
- une santé **robuste** → une santé ....
- un brossage **régulier** → un brossage ....
- une nourriture **saine** → une nourriture ....

Comment as-tu réussi ?

☆☆☆ **Complète les phrases en utilisant les mots synonymes des mots en gras :** sans excès - renferment - pratiquer - essentiel.

- Les fruits et les légumes **contiennent** des vitamines.

→ Les fruits et les légumes .... des vitamines.

- Les matières grasses sont à consommer avec **modération**.

→ Les matières grasses sont à consommer ....

- Le sommeil est **indispensable** au bon fonctionnement du corps.

→ Le sommeil est .... au bon fonctionnement du corps.

- Pour être en forme, il est recommandé de **faire** une activité sportive.

→ Pour être en forme, il est recommandé de ....
une activité sportive.

Comment as-tu réussi ?

Objectif 5 : Je comprends le sens des mots.

☆ Donne à chaque définition le numéro de la phrase qui lui correspond.

L'action de se laver.	n°......
La façon de s'alimenter.	n°......
L'ensemble des vêtements.	n°......
L'ensemble des fruits qui poussent sur une même tige.	n°......

1. Ma grand-mère suit un **régime** pauvre en sel.
2. La salle de bains est libre, tu peux aller faire ta **toilette**.
3. D'un coup de machette, il coupa le **régime** de bananes.
4. Elle portait une magnifique **toilette** de bal.

Comment as-tu réussi ?

☆☆ Complète chaque phrase en utilisant un des mots proposés.

grasse - grâce
- Cette sauce est bien trop ....
- Laure se déplace avec beaucoup de ....

graisse - Grèce
- Athènes est la capitale de la ....
- Léon a cuit ses pommes de terre dans de la .... de canard.

saine - Seine
- La .... est un fleuve français.
- Pour être en bonne santé, il faut une nourriture ....

Comment as-tu réussi ?

☆☆☆ Complète les phrases en utilisant les mots de la liste :
mine - famille - récupérer.

- La .... de ce crayon est cassée.
- Les céréales et les pâtes font partie de la même .... d'aliments.
- Il faudrait que tu ailles .... les clés que nous avons prêtées à Mathieu.
- Depuis qu'il fait du sport, Antonin a une .... resplendissante.
- Le sommeil permet de .... des forces.
- Un père, une mère et leurs enfants forment une ....

Comment as-tu réussi ?

Objectif 6 : J'apprends à ranger dans l'ordre alphabétique.

a	b	c	d	e	f	g	h	i	j	k	l	m	n	o	p	q	r	s	t	u	v	w	x	y	z

★ Écris ces groupes de lettres dans l'ordre alphabétique.

trois - trans - trins

....

blou - blon - blor

....

orig - oran - orga

....

vita - vitr - vite

....

arra - ardo - arbr

....

soli - solu - solv

....

Comment as-tu réussi ?

★★ Écris ces mots dans l'ordre alphabétique.

santé - sain - salade	....
régime - repas - récupérer	....
pâte - pain - palais	....
vitamine - viande - vital	....

Comment as-tu réussi ?

★★★ Écris ces mots dans l'ordre alphabétique.

- peignoir - peigne - peindre - peine

....

- famille - famine - familier - familiale

....

- grandir - grandeur - grandiose - grandement

....

- tonus - tonique - tonnerre - tonte

....

Comment as-tu réussi ?

Objectif 7 : Je mémorise les mots appris.

☆ Donne à chaque définition le numéro qui lui correspond.

Un aliment d'origine végétale.	n°......
Une friandise faite avec du sucre.	n°......
Sert à nourrir les hommes, les animaux et les plantes.	n°......
Des produits fabriqués à partir du lait.	n°......
Un liquide qui se boit.	n°......

1. un aliment
2. des produits laitiers
3. une boisson
4. un féculent
5. une sucrerie

Comment as-tu réussi ?

☆☆ Trouve les mots cachés dans la grille. Écris-les.

C	R	O	I	S	S	A	N	C	E
S	O	N	T	O	N	U	S	A	C
N	O	U	R	R	I	T	U	R	E
S	I	C	A	R	E	N	C	E	R
M	A	L	S	A	I	N	T	H	É
M	A	L	S	A	I	N	T	H	É
K	R	É	C	U	P	É	R	E	R

- Synonyme de **manque** : ....
- Synonyme d'**alimentation** : ....
- Synonyme de **retrouver** : ....
- Synonyme de **développement** : ....
- Synonyme de **bien-portant** : ....
- Synonyme d'**énergie** : ....

Comment as-tu réussi ?

☆☆☆ Complète les phrases avec les mots de la liste : équilibrés - bénéfique - régime - composition - vitamines - santé - matières.

- Il faut lire ce qui est écrit sur les emballages pour connaitre la .... des aliments.
- On trouve les .... grasses notamment dans les huiles et le beurre.
- Ce séjour à la montagne lui a été .... Il est revenu en pleine ....
- Les médecins recommandent de manger quatre repas .... par jour.
- Les agrumes sont riches en ....
- Les sportifs de haut niveau suivent un .... alimentaire strict.

Comment as-tu réussi ?

GRILLES DE SUIVI

Colorie le visage correspondant au résultat que tu as obtenu.

Objectif 1 : J'apprends des mots.	★	★★	★★★
1 Les fruits			
2 Les légumes et les herbes aromatiques			
3 La cuisine			
4 Le mobilier et les objets de la maison			
5 Les outils			
6 Les vêtements			
7 Le temps qu'il fait			
8 Le temps qui passe			
9 La santé et l'hygiène			

Objectif 2 : J'apprends à catégoriser.	★	★★	★★★
1 Les fruits			
2 Les légumes et les herbes aromatiques			
3 La cuisine			
4 Le mobilier et les objets de la maison			
5 Les outils			
6 Les vêtements			
7 Le temps qu'il fait			
8 Le temps qui passe			
9 La santé et l'hygiène			

	★	★★	★★★
Objectif 3 : J'apprends à construire des mots.			
1 Les fruits			
2 Les légumes et les herbes aromatiques			
3 La cuisine			
4 Le mobilier et les objets de la maison			
5 Les outils			
6 Les vêtements			
7 Le temps qu'il fait			
8 Le temps qui passe			
9 La santé et l'hygiène			

	★	★★	★★★
Objectif 4 : Je comprends les homonymes.			
1 Les fruits			
Objectif 4 : J'apprends à ranger dans l'ordre alphabétique.			
2 Les légumes et les herbes aromatiques			
Objectif 4 : Je comprends le sens des mots.			
3 La cuisine			
4 Le mobilier et les objets de la maison			
5 Les outils			
6 Les vêtements			
Objectif 4 : Je comprends les synonymes et les contraires.			
7 Le temps qu'il fait			
8 Le temps qui passe			
9 La santé et l'hygiène			

GRILLES DE SUIVI

Colorie le visage correspondant au résultat que tu as obtenu.

	★	★★	★★★
Objectif 5 : Je mémorise les mots appris.			
1 Les fruits			
2 Les légumes et les herbes aromatiques			
Objectif 5 : Je comprends les contraires.			
3 La cuisine			
Objectif 5 : Je comprends les synonymes.			
4 Le mobilier et les objets de la maison			
6 Les vêtements			
Objectif 5 : Je comprends les synonymes et les contraires.			
5 Les outils			
8 Le temps qui passe			
Objectif 5 : Je comprends les homonymes.			
4 Le mobilier et les objets de la maison			
Objectif 5 : Je comprends les expressions.			
7 Le temps qu'il fait			
Objectif 5 : Je comprends le sens des mots.			
9 La santé et l'hygiène			

	★	★★	★★★
Objectif 6 : J'apprends à ranger dans l'ordre alphabétique.			
3 La cuisine			
4 Le mobilier et les objets de la maison			
5 Les outils			
7 Le temps qu'il fait			
9 La santé et l'hygiène			
Objectif 6 : Je comprends les contraires.			
6 Les vêtements			
Objectif 6 : Je comprends les expressions.			
8 Le temps qui passe			

	★	★★	★★★
Objectif 7 : Je mémorise les mots appris.			
3 La cuisine			
4 Le mobilier et les objets de la maison			
5 Les outils			
6 Les vêtements			
7 Le temps qu'il fait			
8 Le temps qui passe			
9 La santé et l'hygiène			

Édition : Élisabeth Moinard
Conception graphique : Arnaud Lhermitte
Coordination artistique : Domitille Pautonnier
Mise en page : Langage Graphique
Illustrations : Caroline Hesnard
Couverture : Arnaud Lhermitte

FSC www.fsc.org MIXTE Papier issu de sources responsables FSC® C022030

Achevé d'imprimer en France en avril 2020 par la Nouvelle Imprimerie Laballery à Clamecy
N° éditeur : 10263831 - Dépôt légal : septembre 2019 - N° impression : 003348
La Nouvelle Imprimerie Laballery est titulaire de la marque Imprim'Vert®